失敗事例から学ぶ！

マネージャーの思考術

IGPIグループ 共同経営者 坂田幸樹

SE
SHOEISHA

はじめに

なぜ、マネージャーになると成果が出なくなるのか？

「KPIを設定して管理しているのに、目標未達が続いている」
「業務効率化ツールを導入したのに、一向に生産性が上がらない」
「チームの心理的安全性を高めたはずなのに、離職者が増えている」

皆さんは、このような問題に直面したことはないでしょうか？ エース級のプレイヤーがマネージャーになっても、同じように活躍できるとは限りません。なぜなら、マネージャーになると、現場のすべての事象を直接見ることが難しくなるからです。マネージャーには、間接的に入ってくる情報をもとに現場をマネジメントするスキルが求められます。

例えば、5人の営業担当者を統率する営業マネージャーは、各担当者の営業日報や帳票といった間接的に得られる情報をもとに、判断を下さなくてはなりません。しかし、上がってくる情報がすべて正しいという保証はなく、重要な情報が漏れている可能性もあります。

そのような中でもチームをマネジメントするために、数値化や言語化などのマネジメント術がありますが、それらを使いこなすのは簡単ではありません。例えば、数値管理を徹底しようとしてＫＰＩ（重要業績評価指標）を設定しても、指標が間違っていれば、かえって現場を混乱させることになってしまいます。

そのほかにも、業務効率化ツールや心理的安全性を高める施策など、マネージャーが活用できるマネジメント術はたくさんあります。書店には、悩めるマネージャー向けの書籍が無数に並んでいますが、それらを使いこなすためにはまず、「マネージャーの思考術」を身につけていることが大前提となります。

マネージャーの思考術とは何か？

マネージャーの思考術は、あらゆるマネジメント術の基盤となるものです。マネージャーの思考術を身につけているからこそ、現場で問題を発見し、解決策を考えてうまく伝えたり、チームが活動するための場を設計したりできるのです。

図 0-1　思考とは「具体と抽象」の往復運動

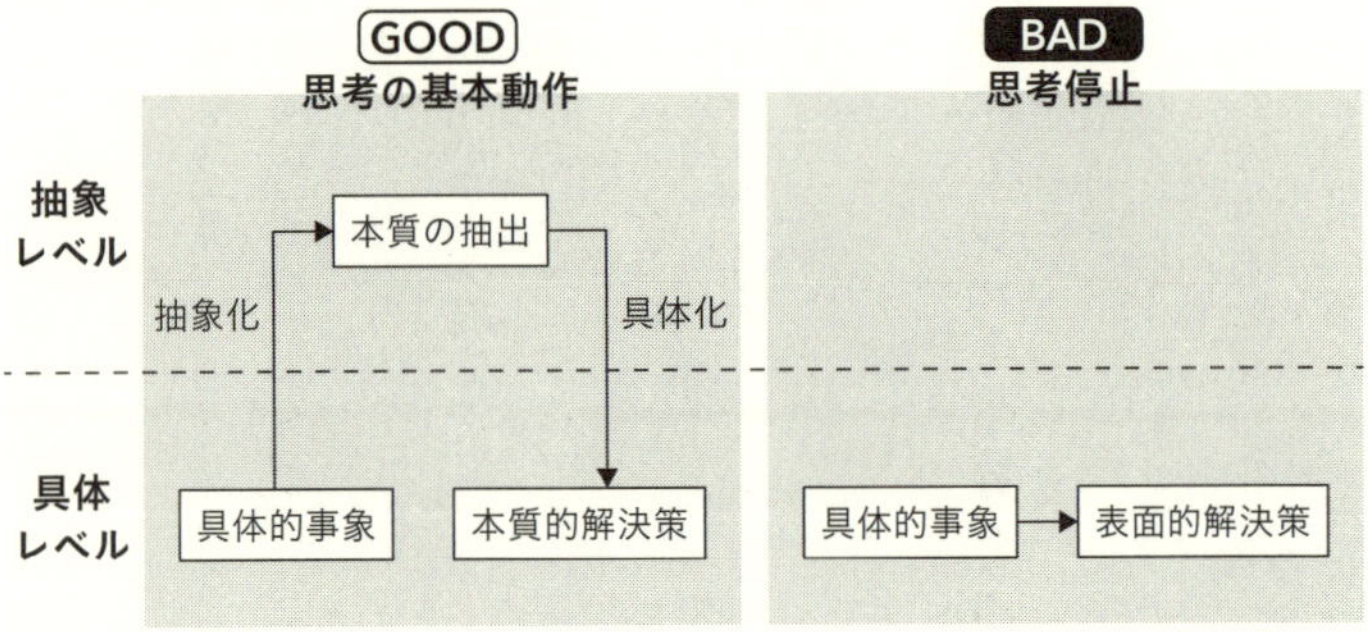

では、**マネージャーの思考術とは何かというと、それはズバリ「具体と抽象の往復運動」**です。マネージャーは図表0－1の左側のように、現場で起きている具体的な事象を抽象化して解決策を導き出し、それを現場で実行できるように具体化する必要があります。もし右側のように現場と同じレベルで考えて実行しているとしたら、それはマネージャーの本来の役割を果たせているとは言えません。

どうやってマネージャーの思考術を身につけるのか？

本書では、メンバーの多様化、数値化・言語化、アジャイル化など、マネージャーにとって必須の11のマネジメント術を使用して〝落とし穴〟

に陥ってしまった人の失敗事例を紹介します。本書を通して、その失敗要因が往々にしてマネージャーの思考術にあることがわかっていただけると思います。**登場人物と同じ目線に立って何が問題だったのか、どのようにすれば良かったのかを考えることで追体験をしながら正しいマネージャーの思考術が身につきます。**

本書で取り上げている全22の事例は、私自身が新人マネージャー時代に経験したものや、経営の現場で実際に見聞きしたもので構成されています。業界や場面設定は一部変更していますが、現場で起きたことをできるだけ忠実に表現しました。

さらに、本書では各マネジメント術に関連した問題「思考のトレーニング」を用意しています。事例で得た学びをもとに「思考のトレーニング」を解くことで、理解をより深められるでしょう。

マネージャーの思考術を身につければどこでも活躍できる

私は経営支援や事業投資などを行うＩＧＰＩグループというプロフェッショナルファームの共同経営者を務めています。２０１３年から拠点をシンガポールに移し、現在は8国籍の多様なメンバーとともにグローバル企業や現地企業、政府機関に対するアドバイザリー業務や投資業務に携わっています。

私たちが手がけるプロジェクトは、グローバル企業の戦略立案から現地スタートアップの事業拡大、現地財閥と連携したスマートシティ開発まで多岐にわたります。現在では各国に信頼できるパートナーがいますが、当初は言語や文化の違いに苦労しました。

それでも何とか乗り越えられたのは、実践を通して「マネージャーの思考術」を身につけていたからです。**コミュニケーション方法や仕事の具体的な進め方は国や業種によって異なるものの、プロジェクトを成功に導くためのマネージャーの思考術は万国共通のもので、どの現場でも活用できます。**

本書の構成

序章では、近年マネージャーの役割が重要になってきている理由、そして「マネージャーの思考術」とは何かを解説します。

第1章では、チームメンバーが自律的に考えて行動できる場をつくるための「心理的安全性」や「メンバーの多様化」「効率化」について触れます。

図 0-2　本書の構造

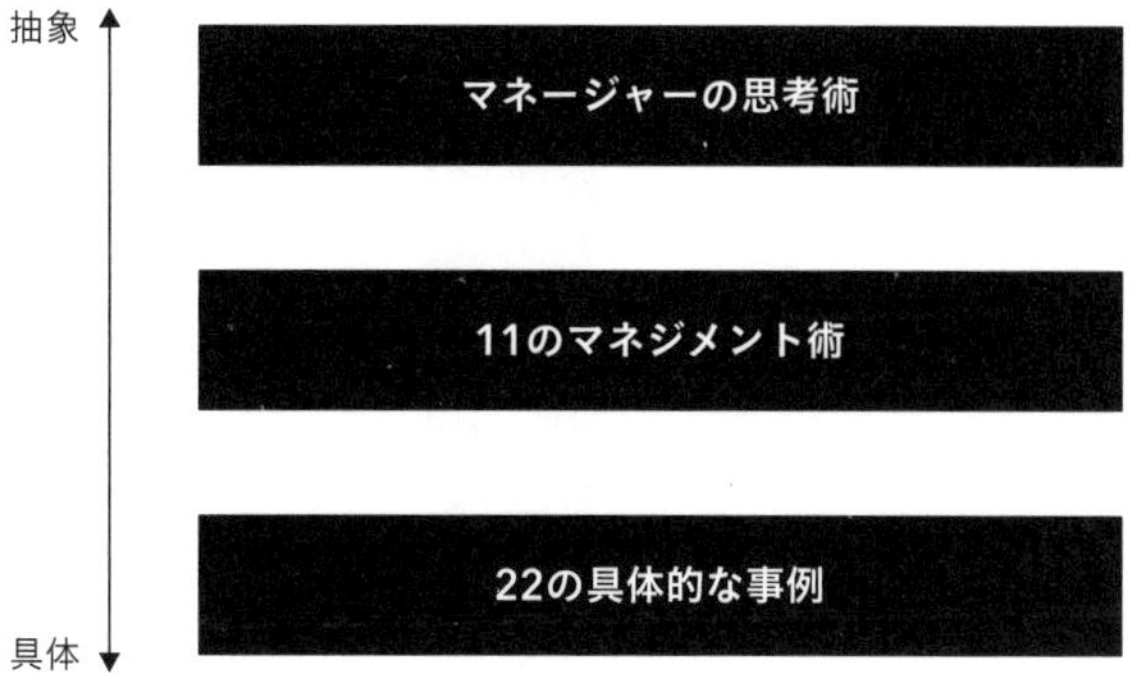

第2章では、問題を発見するための「数値化・言語化」「三現主義」、そして「仮説思考」について取り上げます。

続く第3章では、解決策を導き出すための「即断即決」「アジャイル化」、そして「標準化」について解説します。

そして第4章では、上司や部下に適切な解像度で伝えるための「報連相」や「フィードバック術」について考えます。

本書が、皆さんがマネージャーの思考術を身につけ、マネージャーとして活躍する一助となれば幸いです。

２０２４年11月　坂田幸樹

『失敗事例から学ぶ！ マネージャーの思考術』 目次

はじめに …… 2
読者特典データのご案内 …… 15

序章 ― なぜいま、マネージャーの思考術が求められているのか？

マネージャーの思考術を身につけるべき理由 …… 18
マネージャーとプレイヤーの違い …… 21
デジタル革命で難易度と重要性を増すマネージャーの役割 …… 24
会社は抽象化でできている …… 27
正しい問題解決は具体と抽象を行き来する …… 30
序章のまとめ …… 32

第1章

場をつくる

1 チームの心理的安全性 …… 34
メンバーの貢献を引き出す「チームの心理的安全性」 …… 34
事例1 相談しやすい雰囲気をつくったが、離職率が上昇した …… 38
事例2 メンバーを毎日褒め続けたら他責思考が蔓延した …… 41
思考術 心理的安全性と結果責任はセットで考える …… 45
思考のトレーニング …… 48

2 メンバーの多様化 …… 49
さまざまな背景を持つ人材の雇用が鍵となる「メンバーの多様化」 …… 49
事例3 多様なメンバーを採用したが、チームがまとまらなかった …… 53
事例4 顧客や協力会社と連携して新しいモノを生み出せなかった …… 58
思考術 チームのビジョンを思考や活動に落とし込む …… 61
思考のトレーニング …… 64

3 効率化 …… 65
組織の生産性を上げる「効率化」 …… 65

|事例5| リモートワークでチームのエンゲージメントが低下した …… 68
|事例6| ＩＴで効率化したらメンバーから意見が出なくなった …… 71
思考術 「無目的」の場の重要性を意識する …… 75
思考のトレーニング …… 80
第1章のまとめ 〜場をつくる〜 …… 81

第2章 問題を発見する

4 数値化・言語化 …… 84
見えないものを見るための「数値化・言語化」 …… 84
|事例7| 日報を読んでも、現場の問題に気づけなかった …… 87
|事例8| 会議でＫＰＩを確認しているのに、売上が未達だった …… 91
思考術 言語や数値は抽象度が高い情報であることを意識する …… 95
思考のトレーニング …… 98

5 三現主義 99
現場をよく観察する「三現主義」 99
一事例9一 現場のサンプルだけで判断してしまった 103
一事例10一 工場視察では問題を見つけられなかった 106
思考術 現場に寄り添いつつ、俯瞰して打ち手を考える 109
思考のトレーニング 111

6 仮説思考 112
推論をもとに検証する「仮説思考」 112
一事例11一 プレイヤー時代の経験をもとに問題を指摘してしまった 118
一事例12一 社長の自社評価をうのみにしてしまった 122
思考術 俯瞰してから仮説を立てる 126
思考のトレーニング 130

第2章のまとめ ～問題を発見する～ 131

第3章 解決策を考える

7 即断即決 …… 134
瞬発的にチームを動かす「即断即決」 …… 134
事例13 現場の声をすぐに実行したのに業績が悪化した …… 137
事例14 新たなツールを次々に導入したら離職率が上昇した …… 141
思考術 根本原因から一般解を考える …… 145
思考のトレーニング …… 148

8 アジャイル化 …… 149
メンバーに権限を与えて試行を繰り返す「アジャイル化」 …… 149
事例15 各部門の個別ニーズに合った機能を開発したが、全社としての統一感が失われた …… 152
事例16 サプライヤーに自社の都合を押し付けてしまった …… 155
思考術 解決策は全体最適で考える …… 158
思考のトレーニング …… 161

9 標準化　162
成果の質を保つためのルールをつくる「標準化」　162
事例17　マニュアルを整備したのにクレームが増えた　165
事例18　半数以上の店舗で施策による成果が上がらなかった　168
思考術　一般解を現場に合わせた固有解に落とし込む　172
思考のトレーニング　174
第3章のまとめ　～解決策を考える～　175

第4章 適切な解像度で伝える

10 上司への報連相　178
仕事を円滑に進めるための「上司への報連相」　178
事例19　入念に準備しても上司の賛同を得られなかった　182
事例20　上司の権限不足で案件がとん挫してしまった　185

思考術 盤上の駒ではなく、棋士の視点で考えて報連相する 189
思考のトレーニング 192

11 現場へのフィードバック 193

メンバーの成長を促す「現場へのフィードバック」 193
―事例21― 現場がマニュアル通りにしか動かなくなった 197
―事例22― 気合いと根性による指導では現場が全く育たなかった 201
思考術 適切なWhatを伝えて指導する 204
思考のトレーニング 207

第4章のまとめ ～適切な解像度で伝える～ 208

おわりに 209
「思考のトレーニング」の解答例 214
参考書籍 213
マネージャーの思考術一覧 223

読者特典データのご案内

読者の皆さまに「チーム運営に役立つ11のマネジメント術チェックリスト」をプレゼントいたします。
読者特典データは、以下のサイトからダウンロードしてご利用ください。

https://www.shoeisha.co.jp/book/present/9784798188805

※読者特典データのファイルは圧縮されています。ダウンロードしたファイルをダブルクリックすると、ファイルが解凍され、ご利用いただけるようになります。

■ 注意

※読者特典データのダウンロードには、SHOEISHA iD(翔泳社が運営する無料の会員制度)への会員登録が必要です。詳しくは、Webサイトをご覧ください。

※読者特典データに関する権利は著者および株式会社翔泳社が所有しています。許可なく配布したり、Webサイトに転載することはできません。

※読者特典データの提供は予告なく終了することがあります。あらかじめご了承ください。

※図書館利用者の方もダウンロード可能です。

■ 免責事項

※読者特典データの記載内容は、2025年1月現在の法令等にもとづいています。

※読者特典データに記載されたURL等は予告なく変更される場合があります。

※読者特典データの提供にあたっては正確な記述につとめましたが、著者や出版社などのいずれも、その内容に対して何らかの保証をするものではなく、内容やサンプルにもとづくいかなる運用結果に関してもいっさいの責任を負いません。

※読者特典データに記載されている会社名、製品名はそれぞれ各社の商標および登録商標です。

序章

なぜいま、マネージャーの思考術が求められているのか?

マネージャーの思考術を身につけるべき理由

世の中では、心理的安全性や多様性を高める施策、アジャイル化や現場へのフィードバック方法といったさまざまなマネジメント術が日々誕生しています。組織を効率的に運営し、メンバーの一体感を醸成するには、効果的なマネジメントへの働きかけが欠かせません。

では、これらの取り組みの結果、皆さんの組織のマネジメントは改善され、メンバーが生き生きと自律的に考え、行動できているでしょうか？

もしそうであれば、これ以上本書を読み進める必要はないかもしれません。しかし、もし皆さんが少しでも組織のマネジメントに課題を感じているのであれば、本書がその解決の一助となることをお約束します。

メンバーシップ型の終身雇用制が一般的な日本企業では、競合他社や異業種との交流が限られているため、多くの会社で独自のマネジメント術が代々伝承されています。それ自体を否定するつもりはありませんが、図0－3のように日本企業の従業員エンゲージメントが世界一低い現状を考えると、日本企業で実践されているマネジメ

図 0-3　国別の従業員エンゲージメント

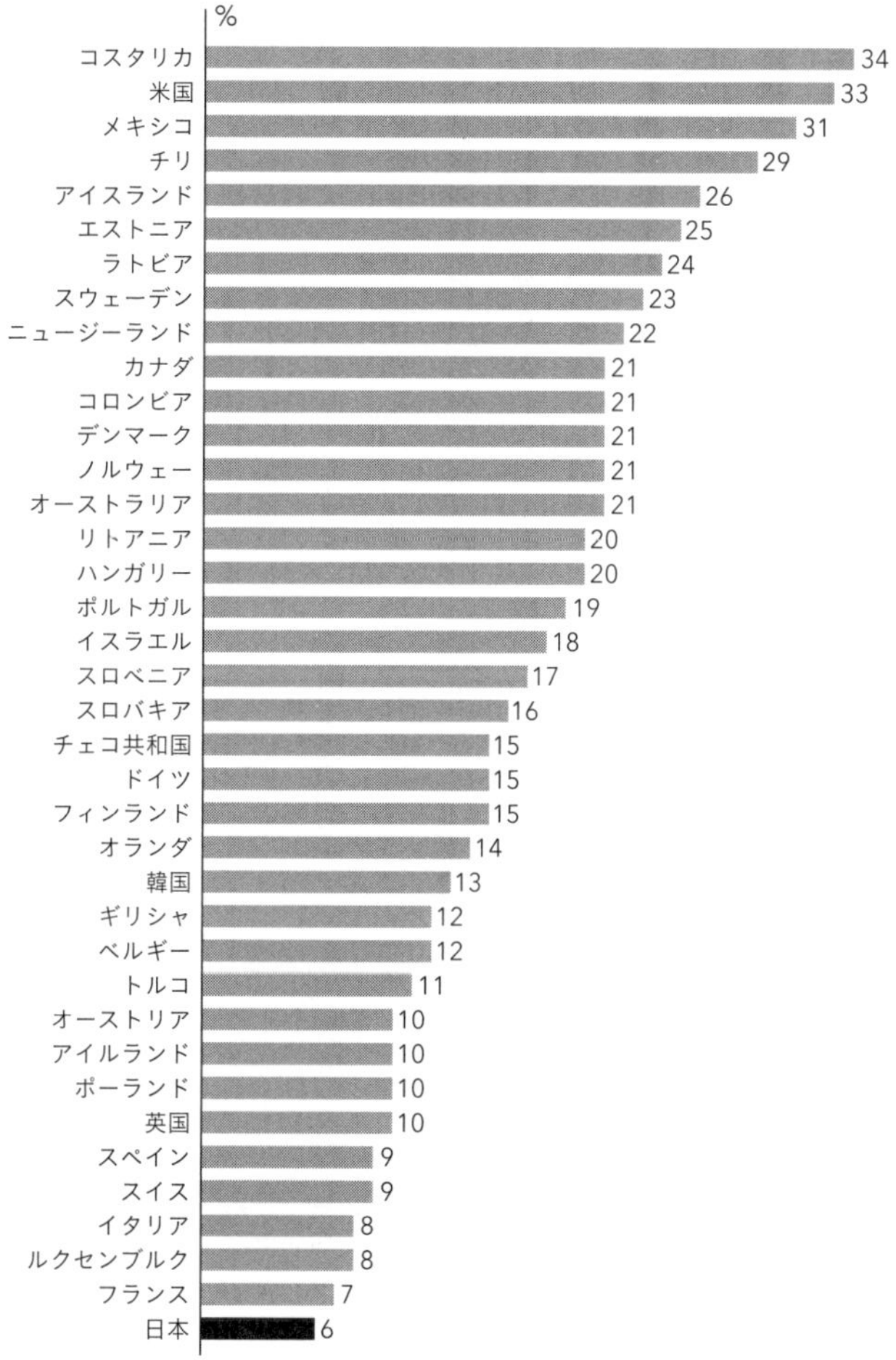

出所：GALLUP “State of the Global Workplace 2023 Report
(https://www.gallup.com/workplace/349484/state-of-the-global-workplace-report.aspx19)をもとに著者が作成

ント術の活用法には多くの改善の余地があると言えます。
コロナ禍を契機にリモートワークの導入が急速に進み、私たちの働き方は大きく変わりました。外国人との協働やスタートアップとの連携など、多様な働き方やパートナーシップの機会も増えつつあります。さらに、生成ＡＩの活用がさまざまな職種に広がりつつあります。そして、これらの変化は、今後さらに加速していくことでしょう。

環境や働き方が変われば、それにあわせて使われるマネジメント術も変化しますが、それらを支えるマネージャーの思考術は普遍的なものです。つまり、**マネージャーの思考術を身につけていれば、時代とともにマネジメント術が変化しても、それに対応して結果を出し続けることができます。**逆に言うと、マネージャーの思考術を身につけていないまま、最新のマネジメント術ばかり導入しても、チームのマネジメントは失敗に終わってしまいます。

マネージャーとプレイヤーの違い

マネージャーの仕事は、プレイヤーとは決定的に異なります。それを端的に表したのが図0－4です。なお、本書ではプレイヤーを「部下が1人もいないメンバー」と定義します。

プレイヤーは常に現場の情報に直接触れているのに対し、マネージャーは直接現場の情報に触れることが難しくなります。プレイングマネージャーの場合は、現場の情報に直接触れる機会がありますが、部下に任せる仕事がある以上、間接的にしか得られない情報が増えます。

例えば、百貨店Aで婦人服の売上が下がっていたとしましょう。販売員は現場の情報に直接触れているので、売上低下の原因が商品Bの在庫切れだとすぐにわかります。自律的な販売員であれば、ほかの店舗に連絡して、在庫を確保することが直ちにできるでしょう。

では、百貨店Aの売上が下がっているという情報を単に帳票で見るだけのエリアマネージャーの場合はどうでしょうか？　もちろん、販売員に連絡して状況を聞けば、

図 0-4　マネージャーとプレイヤーの違い

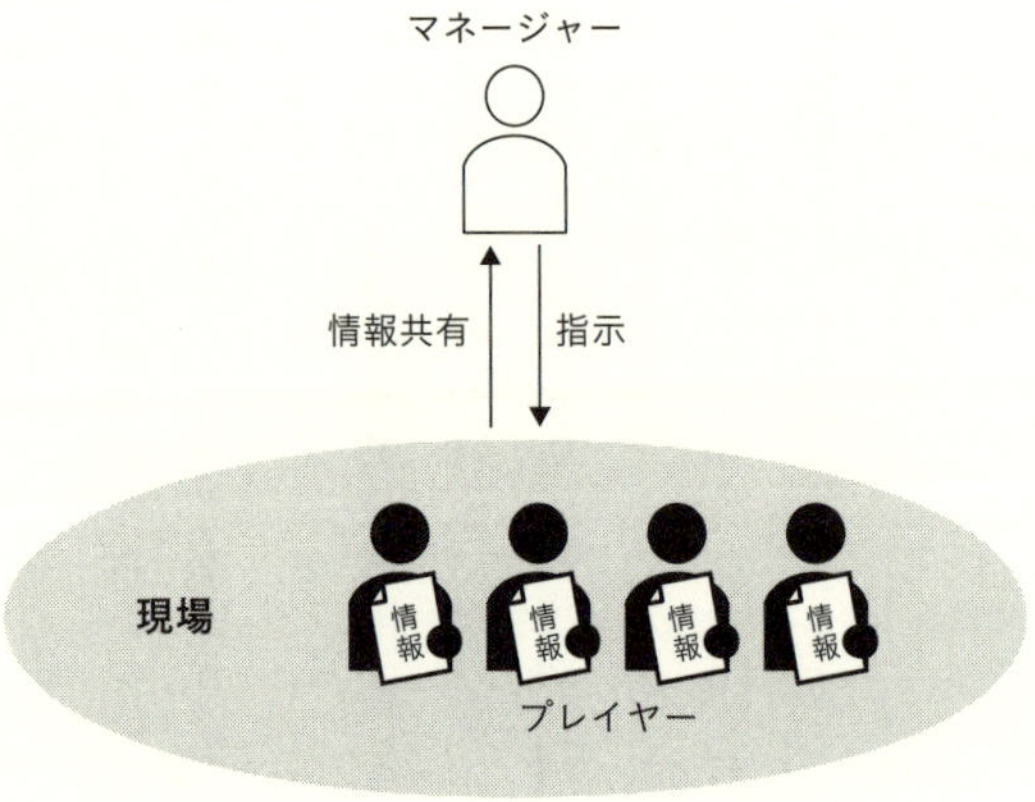

すぐに商品Bの在庫切れに気づけるでしょう。しかし、エリアマネージャーが担当している店舗が20店舗もあれば、会話する時間をすぐにはつくれないかもしれません。

　このような状況で、現場の情報を得ずに、単に「売上が落ちているからしっかり売るように」という抽象的なメッセージを送ったら、販売員はどう感じるでしょうか？ 現場での苦労や状況を理解せずに無理な要求をするエリアマネージャーだと感じて、心を閉ざしてしまうかもしれません。

　また、マネージャーが他の店舗で売れ行きが良いと聞いた商品Cを、百貨店Aではあまり売れていないのに大量に送るようなケースもあります。現場の状況を理解せずに間違った解決策を講じるエリアマネージャーに対して、販売員が不信感を抱いても無理はありません。

ここで取り上げたのは単純な例ですが、現場では日々さまざまな問題が起きています。急病で休んでいる販売員がいるかもしれませんし、職場の人間関係によるストレスが接客に悪影響を与えているかもしれません。さらに、道路工事の影響で百貨店Aの来客数自体が減少していることも考えられます。

もちろん、すべての店舗で発生している問題をすべて聞いて、マネージャーが解決策を考えることは現実的ではありません。しかし、マネージャーはすべての現場の情報に直接触れていなくても、**解決すべき問題を発見し、適切な解決策を考え、現場に伝える必要があります**。また、外国人の従業員が増え、リモートワークによる働き方の多様化が進む中で、**メンバーが仕事をしやすい場をつくることもマネージャーの重要な役割です**。

デジタル革命で難易度と重要性を増すマネージャーの役割

現代は環境の変化によって、企業の成功におけるマネージャーの役割が飛躍的に大きくなりました。その理由は、スマートフォン（スマホ）の普及やＡＩの進化で起きたデジタル革命によって、企業規模にかかわらず、事業のあり方が大きく変わりつつあるからです。

図０－５で示すように、デジタル革命前は、事業の構造が比較的単純で「誰に」「何を」提供するかが主でした。そのような時代には、**経営陣が事業内容を定義し、現場がどうやって提供するかを考えるという役割分担が明確**でした。

例えば、経営陣が「北海道の地方都市で通勤手段がなくて困っている人」に「カローラ」を提供するという事業を定義したら、現場が「どうやって」提供するかを考えるという役割を担います。

しかし、**デジタル革命が進むと、事業の定義が「誰に」「何を」「どうやって」提供するかというかたちに変わりました。**その結果、商品やサービスが限られる単一事業者や小さな会社でない限り、経営陣がすべての事業を定義することは困難になりまし

図 0-5　デジタル革命で事業のあり方が変わった

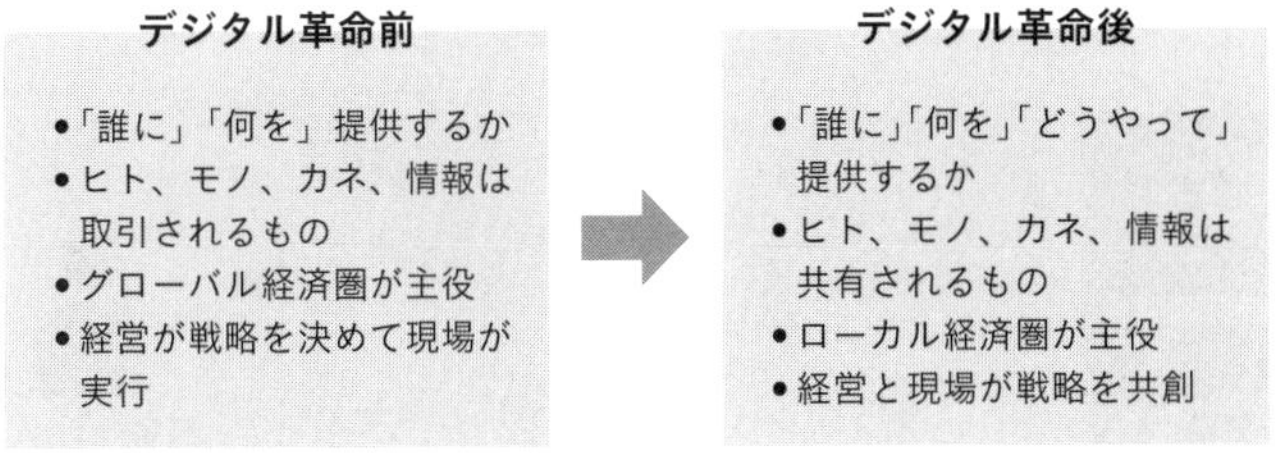
デジタル革命前
•「誰に」「何を」提供するか
•ヒト、モノ、カネ、情報は取引されるもの
•グローバル経済圏が主役
•経営が戦略を決めて現場が実行
デジタル革命後
•「誰に」「何を」「どうやって」提供するか
•ヒト、モノ、カネ、情報は共有されるもの
•ローカル経済圏が主役
•経営と現場が戦略を共創

た。

例えば、前述した北海道の地方都市の例では、ディーラーを通して自動車を販売する以外にも、自動車を使ってもらうための方法としてはライドシェアやオンデマンドバスというサービスを提供することも考えられます。あるいは、リモートワークを推奨することで、通勤そのものをなくすといった選択肢も考えられます。

デジタル革命を経て、トヨタやパナソニックのようなメーカー、アルファベット（グーグル）やメタ（フェイスブック）のようなITプラットフォーマーが活躍するグローバル経済圏から、小売や外食などのローカル経済圏に主役が移りつつあります。

経営陣が現場で起きていることや最新のテクノロジーを高い解像度で理解できるのが理想ですが、多くの場合それは困難です。短期的には可能でも、そ

図 0-6　マネージャーの役割が拡大

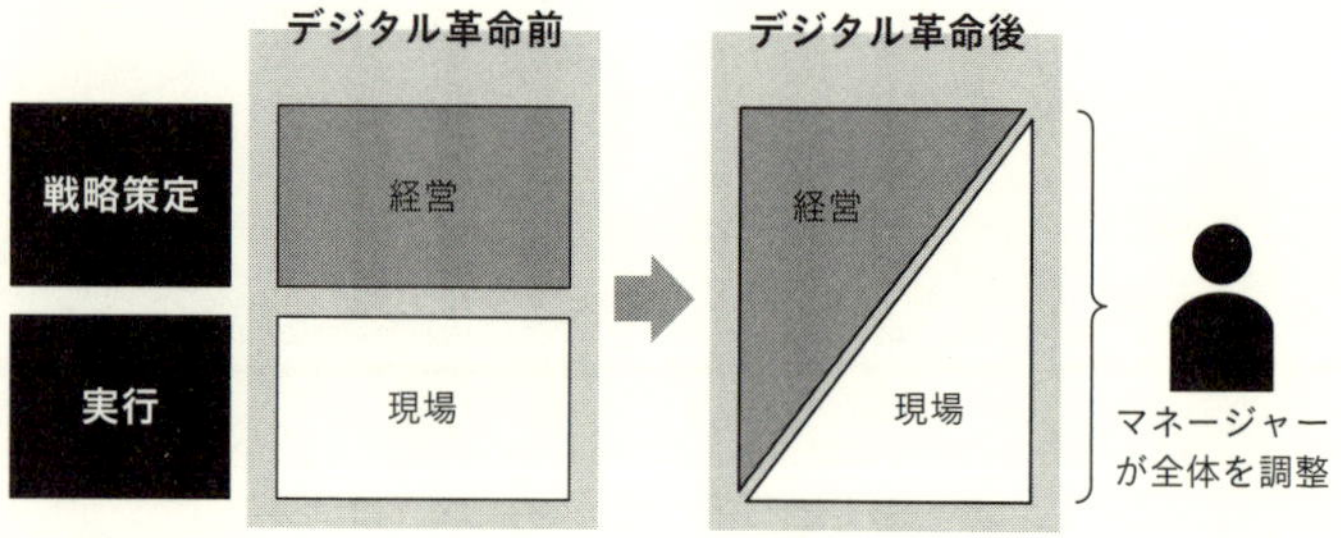

れを長期的に続けられなければ、経営陣が企業成長のボトルネックとなってしまいます。

では、現場の情報に直接触れているプレイヤーが事業を定義できるかというと、目の前で起きている事象のみで定義することになり個別最適になってしまうため、事業として成り立たせるのは難しいでしょう。

このように、現代では経営陣や現場だけで事業を定義することが難しくなっています。そこで、経営陣と現場が共創することが求められます。図0－6のように、**現場と経営陣の調整役としてのマネージャーの役割が極めて重要**なのです。

会社は抽象化でできている

そもそも会社というのは、1人では達成できないことを大勢で力を合わせて実現するために存在しています。デジタル革命によって個人でできることの範囲が広がったとはいえ、これから先も会社という仕組みは残っていくことでしょう。

そして2人以上が集まって何かを実現するためには、さまざまな「抽象化」が必要になります。抽象化とは、図0－7のように整理されます。実際に起きた事象を言語化したり、数値化したりする行為はすべて抽象化です。

これらを会社の仕組みに置き換えて考えてみましょう。

まず、会社には組織図が存在します。株主総会、取締役会に始まり、経営、本部、部、課といった組織の階層があり、より上位の組織ほど抽象度の高い機能を担い、下位にいくほど具体的な機能を持つ組織へと枝分かれしていることがわかります。

例えば、取締役会では会社の大きな方向性についての意思決定がなされるのに対して、課ではより現場に近い具体的な判断がなされます。小さな企業であれば社員投票で大きな買収案件の意思決定をすることも考えられますが、数千人規模の大きな会社

図 0-7　数値化と言語化は抽象化する行為

では現実的ではありません。同様に、社長が現場で起きている細かな事象をすべて把握して逐一判断を下すことも困難です。

また、情報共有、議論、判断という3つの役割がある会議体も同様です。例えば、「営業体制を変更すべきか」という抽象度の高い方針を決めるための会議では、営業現場で起きた具体的な問題ばかりが共有されると、無駄な情報共有に終始し、何も判断できないという非効率が発生します。

あるいは、営業日報のような、1日の営業活動内容を抽象化して整理した報告書はどうでしょうか。現在はセールスフォースなどの営業支援システムを使うことが一般的ですが、いくらシステムが優れていても、入力ルールが徹底されていなかったり、入力されたデータを使いこなす技量がなかったりすれば、システムが無用の長物と化してしまいます。

会社で起きていることを抽象化して数値で把握するという点では、帳票も同様です。例えば、私が過去に経営コンサルタントとして関与した会社の中には、千種類以上の帳票が存在する会社もありましたが、実際に使用されているのはそのうち5％程度でした。

繰り返しになりますが、会議体やコミュニケーションツールで共有される情報、帳票や報告書に記載されている情報は、すべて事象を抽象化したものです。整理された議事録を見ても、実際の会議に参加して感じられる発言の強弱や沈黙感などの具体的な情報は得られません。

以上のことから、会社の機能は抽象化で成り立っていることがわかってもらえたと思います。**マネージャーは具体と抽象の思考法を上手に使いこなせれば、会社の資産を最大限有効活用して、大きな結果を出すことができるのです。**

正しい問題解決は具体と抽象を行き来する

21ページで紹介した百貨店Aの事例を改めて考えてみましょう。百貨店Aでは商品Bが欠品していたことが原因で売上が低下していました。百貨店Aのことだけを考えれば、商品Bの在庫を倉庫や他店舗から探してくれば済むでしょう。では、担当するほかの多くの百貨店でも同じように商品Bが欠品していたらどうでしょうか?

商品Bに不良品が多く、返品・交換の結果店舗の在庫が不足しているのかもしれません。あるいは工場で何らかのトラブルが発生していて生産がストップしているかもしれません。想定以上に売れたことによって在庫が不足しているのかもしれません。いずれにしても、原因を突き止めて問題を解決しなければ、多数の店舗で大きな機会損失のリスクがあります。

図0－8のようにマネージャーは、個別の事象について調べるだけでなく、抽象化して問題を解決しなければいけないのです。もぐら叩きのようにひたすら出てくる表面的な問題だけに対処するのは、ダメなマネージャーの典型です。具体的な事象を把握するとともに、抽象化してそれらを生み出している根本原因を理解しなければいけ

図 0-8　思考とは「具体と抽象」の往復運動（再掲）

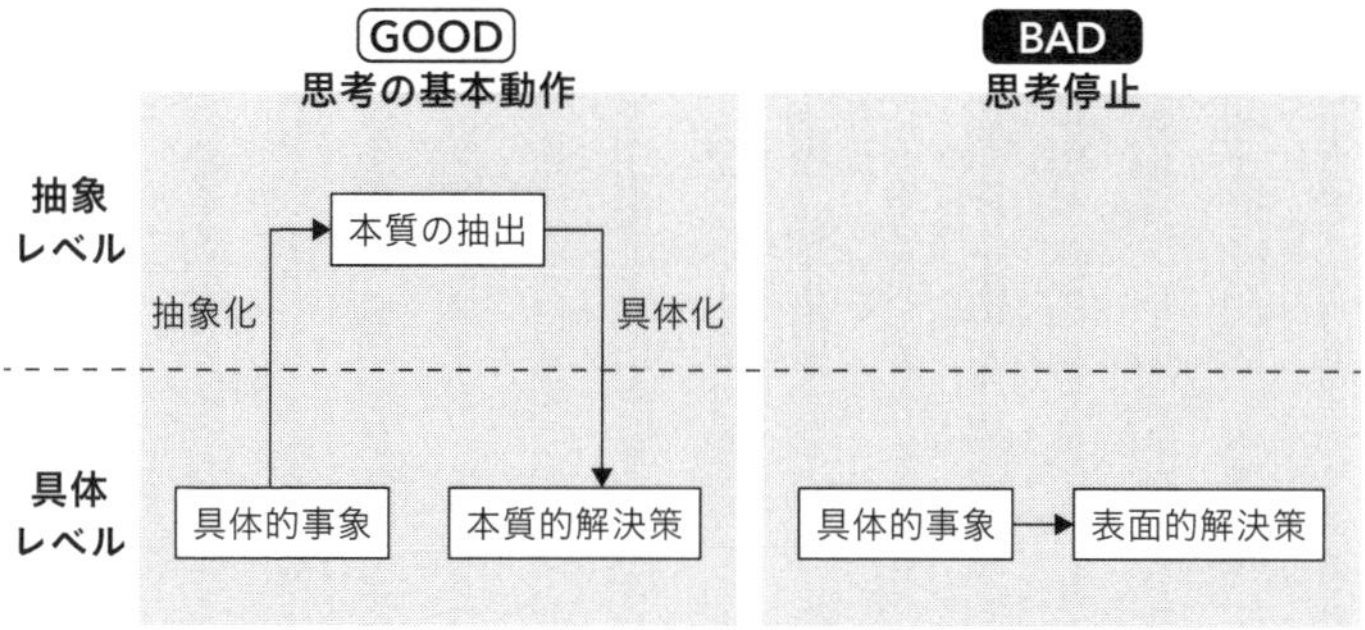

ません。そして、その根本原因を解決するための解決策を具体化して実行する必要があります。

　次章以降で、それぞれのマネジメント術と具体と抽象の思考法の関係性を見ていきましょう。本書ではマネジメント術について具体例をもとに解説し、理解度を確認できるように「思考のトレーニング」も用意しました。

序章のまとめ

- ☑ マネージャーには、デジタル革命によって複雑性を増す経営と現場の連動を調整する機能が求められている
- ☑ マネージャーが数値化・言語化やアジャイル化、現場へのフィードバックなどのマネジメント術を使いこなすためには、マネージャーの思考術を身につけなければならない
- ☑ 具体と抽象の行き来をするマネージャーの思考術を身につけることで、マネージャーは組織を最大限活用できるようになる

第1章

場をつくる

第1章では、図1－1で示すように、すべての基盤となる「場のつくり方」について詳しく見ていきましょう。**第2章の問題発見、第3章の解決策策定、そして第4章の伝え方は、すべて自律的に考えられる現場があってこそ生かされる**ものです。

メンバーの貢献を引き出す「チームの心理的安全性」

メンバーが自律的に貢献できないのは組織にとって大きな損失

皆さんは、自分より立場が上の人たちばかり集まる経営会議などの会議に参加したことはありますか？もし経験がなければ、入社して最初に参加した会議について思

図 1-1 「場のつくり方」がすべての基盤

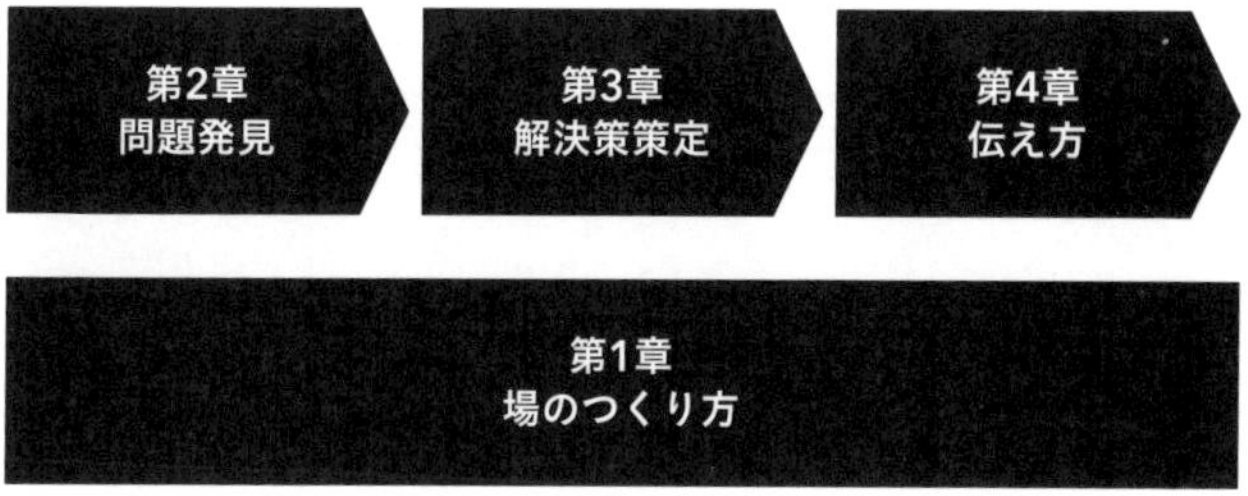

い出してみてください。

そのような会議で率直に自分が思ったことを発言できましたか？　もしかすると、発言すること自体に心理的な障壁を感じたのではないでしょうか？

では、なぜそのように感じるのでしょうか？　それは相手の反応が予測できないことに恐れを感じ、相手の意にそぐわない発言をしてしまったときのリスクを考えてしまうからです。また、権力勾配が急で、一部の人たちしか自由に発言できない雰囲気が醸成されていることも考えられます。その結果として、人は意見があっても発言することをためらってしまったり、当たり障りのない発言をしてしまったりします。

これは何も会議に限った話ではありません。例えば、上司からの指示が明らかに間違っていても、それを指摘できなければ、組織全体が損失を被る可能性があります。また、画期的なアイデアを思いついたとしても、それを意思決定者に伝えなければ、何も思いついていないのと同じことです。

このように、メンバーが意見を持っているにもかかわらずそれを生かせない状況をつくってしまうのは、組織にとって大きな損失となります。意見を引き出し、活用できる場づくりが組織の成功に不可欠なのです。

心理的安全性が高まれば、メンバーが発言しやすくなる

では、率直に自身の意見を発言しやすい状況とは、どのようなものでしょうか？例えば、社内での同期の集まりや、同じ悩みを持つ人たちが集まる社外の勉強会などが挙げられます。これらの場では、誰も相手の意見を否定することなく、自由に意見を交わすことができ、建設的な意見が生まれやすくなります。

このような場は、高い心理的安全性が確保された環境と言えます。役職や立場にかかわらず誰でも率直に意見を発言できることが特徴です。限られた人的資源を最大限に活用し、チームを効率的に運営するために、マネージャーには心理的安全性を高めることが求められます。メンバーの能力を最大限に引き出してチームのパフォーマンスを向上させましょう。

各メンバーが貢献しているという意識を持つことで成果が出る

心理的安全性が高いチームでは、自分自身の意見が結果に反映される機会が増えるため、各メンバーがチームに貢献しているという意識を持てます。

例えば、皆さんが新商品のラベルに不備を発見して指摘してトラブルを未然に防げたら、組織の損失を皆さんが回避したことになります。また、皆さんの知人を通して新たな販路を開拓できた場合、組織の収益に皆さんが直接貢献したことになります。

どんな些細なことでも自分の言動で組織に影響を与えることができれば、メンバーの自律性が高まり、貢献意欲も高まります。一方で、どれだけ組織が成長しようが、どれだけ収益が上がろうが、自分が貢献している意識がなければメンバーの自律性は高まりません。

事例1

相談しやすい雰囲気をつくったが、離職率が上昇した

メンバーの相談を受けるための1on1ミーティングの設定

T事務所は100名以上の税理士を要する歴史ある税理士法人です。T事務所では大手企業の案件をチームで受注する体制を採用しています。近年、海外から受注する案件が増えてきたことやDXへの対応の必要性などに伴い、メンバー各々がより多角的なスキルを身につける必要が出てきました。

T事務所の人事部門のマネージャーであるGは、若手メンバーの自律的な成長のためにメンター制度を導入しました。この制度では、経験あるメンバーが各若手にメンターとして割り当てられ、定期的な1on1ミーティングを行うことになりました。

1on1ミーティングは社外のカフェなどで実施することが推奨され、自律的な成長を目指しているためメンターは若手の話をさえぎったり否定したりせず、しっかりと耳を傾けるように指導されました。

定期的に開催される１ｏｎ１ミーティングでは、若手メンバーは現場での不満や悩みなどを語り、メンターもそれを傾聴することに徹したため、社内全体に若手が意見を言いやすい雰囲気が醸成されました。若手メンバーからの評判も良く、Ｇはメンター制度を導入したことに満足していました。

メンバーの不満が続出して退職者が急増した

メンター制度を導入して半年くらい経ったときです。突然退職者が増え始めました。驚いたＧは、退職意向を示したメンバーへのヒアリングを開始しました。

Ｇがヒアリングしたところ、１ｏｎ１ミーティングに原因があることがわかりました。心理的安全性が高まったことによって、若手メンバーはスキルの身につけ方から社内の人間関係まで、メンターに対してありとあらゆる相談をしていました。

しかし、メンターたちはそれらを聞くだけで、若手メンバーに対して、それらを自律的に改善するための具体的なアドバイスをしていませんでした。相談しても何も変わらないと感じ、若手メンバーは絶望して退職していることがわかりました。

「頑張って心理的安全性を高めたことがあだとなるなんて……」とＧは頭を抱えました。

メンバーと友だちになってはいけない

Gはメンター制度を導入し、1on1ミーティングによって若手メンバーが何でも相談しやすい環境を整備しました。それ自体は悪い施策ではなく、若手メンバーは率直な意見を経験豊富なメンターに話せるようになりました。

しかし、T事務所ではメンターが若手メンバーにとって仕事の愚痴を聞いてくれる友だちのような存在になってしまいました。心理的安全性が高まり、若手メンバーが何でも相談できるようになった点は良いのですが、メンターは若手メンバーの相談に対して自律的に問題を解決するように促すため、適切なアドバイスを行う必要があります。

事例2

メンバーを毎日褒め続けたら他責思考が蔓延した

マネジメント研修で教わった褒めることの重要性

U社はリテール営業に強みを持つ中堅証券会社で、各若手メンバーに専任の指導員を配置し、直接指導にあたる形式で若手を育成しています。NISAの普及に伴って若年層の個人投資家が増えたこともあり、今後は若手メンバーに裁量を与え、自律的な組織への転換を目指すことになりました。

入社5年で指導員に抜てきされたIは、方針の転換に伴い外部のマネジメント研修に参加しました。研修では、心理的安全性の重要性が繰り返し指摘され、トップダウンで現場に命令・指示を出す文化が根強いU社で働いてきたIにとっては、目から鱗が落ちる内容でした。

Iにとって特に印象的だったのは、相手を褒めることの重要性についてでした。研修の中では、他の参加者とペアになって相手の良いところを見つけて褒める練習もしました。

3人の若手メンバーの指導を担当することになったIは、毎日の日報への返信や直接会った際に褒めることを心がけました。例えば、初めて顧客のアポイントが取れたことや日報の文章がわかりやすくなったことなど、どんな些細なことであっても褒め続けました。特に直接会って褒めたときには、若手メンバーが喜ぶ顔を見ることができて、そのたびにI自身もすがすがしい気持ちになりました。

Iの気さくな性格もあり、若手メンバーたちとの距離は縮まり、仕事上の相談を受けることも増えました。そのたびにIは、できるだけ褒めるようにして、トップダウンの指導はしないように心がけました。

メンバーが考えなくなり、現場で問題が続出した

Iが3人の指導を担当するようになって半年ほど経過したときです。Iは同僚から良くないうわさを耳にしました。Iが担当している3人の若手メンバーがたびたびトラブルを起こしているというのです。

あるときは若手メンバーが顧客に間違った情報を伝達してしまい、顧客からのクレーム対応に上司が奔走したそうです。若手メンバーからは反省の言葉もなく、上司

はあきれ返ったそうです。

またあるときは支店でトラブルが発生し、全員が力を合わせて解決しようとしているときに、若手メンバーは気にする様子もなく定時に帰宅したそうです。翌日若手メンバーに理由を聞いた支店長が言われたのは、次のような言葉でした。

「新人の私がいても邪魔になるだけだと判断したので帰宅しました」

Iは若手メンバーたちから日報をもらっているのですが、このような内容は記載されていませんでした。不審に思ったIは、3人の若手メンバーを集めて話を聞くことにしました。このときにも、一方的に叱るのではなく、できるだけ褒めることを意識しました。

Iがひと通り話し終えたときに3人から聞かされたのは驚くべき内容でした。

「Iさんのことは信頼できないので、ほかの指導員に代わってもらえませんか？」

因果関係のある発言をしなければいけない

Iは褒め続けることで心理的安全性を高めようとしました。それ自体の善悪はここでは問いませんが、Iの失敗は、何でも褒め続けたことです。

例えば皆さんが、予算の2倍もの売上を上げたときと、わかりやすい文章を書けたときとで同じように褒められたとしたら、どのように思うでしょうか？　あるいは、些細なミスをしてしまったときにも、反省するきっかけを与えられるどころか前向きな言葉ばかりをかけられたらどうでしょうか？

何が褒められるべきで、何がそうでないのかが、わからなくなってしまうのではないでしょうか。また、そのような発言をしてくる指導員を無責任だと感じるかもしれません。

会社は学校や学習塾とは異なり、雇用契約にもとづいて業務を進め、提供した役務に対して対価が支払われるというビジネスの場です。明文化されているかどうかにかかわらず、お互いに合意して業務内容を決めているので、従業員にはそれを遂行する責任があります。この一連のプロセスを進めやすくするために心理的安全性を高めるならば問題はありませんが、表面的な聞き心地の良い言葉ばかりが並ぶと、逆に「上司には良いことしか報告できない」「期待に応えようとして本音が言えない」という心理的プレッシャーを与えてしまう可能性があります。言いたいことが言えなくなったのでは本末転倒です。

思考術

心理的安全性と結果責任はセットで考える

チームの心理的安全性でよくある勘違い

- ■ メンバー同士が仲良くなれば心理的安全性が高まる
- ■ 心理的安全性とは従業員のストレスを減らすことである
- ■ 心理的安全性を高めるだけで、チームの成果が出るようになる

心理的安全性だけを高めると組織が崩壊する

T事務所のGはメンター制度を導入して1on1ミーティングを実施し、メンターが聞き役に徹することで話しやすい雰囲気を作り出しました。また、U社のIは若手メンバーとの距離を縮めるため、褒めることに注力しました。

これらの施策自体は、実際に多くの組織で実施され効果的なものです。今回の問題は、GとIが心理的安全性を高めることだけに集中してしまった点にあります。

皆さんにも、チーム一丸となって必死に急激な売上低迷の対策を考えた結果、強いチームに生まれ変わったり、不良品を生み出した原因を必死に考えたことで強固な生産プロセスが生まれたりした経験がありませんか？

対策を考える過程では、メンバーに心理的な負荷がかかることもあります。しかし、その負荷を共有し乗り越えることでチーム内に強い信頼関係が生まれ、自由に意見を言い合える環境が形成されるのです。

具体的なフィードバックで結果責任を適正に追及することで組織が強くなる

GやIのような状況に陥らないためには、図1－2のように心理的安全性を高めることに加えて、メンバーに対して結果責任を追及することが重要です。なぜなら、**心理的安全性の目的は顧客や社会、企業全体の利益を守ることであり、従業員のストレスを減らすことではない**からです。

心理的安全性を高めることでメンバーが発言しやすくなったとしても、結果につながらない発言が多ければ、チームとして成果を出すことはできません。結果を出すためには、各メンバーが自律的に真剣に考え、責任を持って発言や行動をすることが求められます。

図 1-2　心理的安全性だけを高めてはいけない

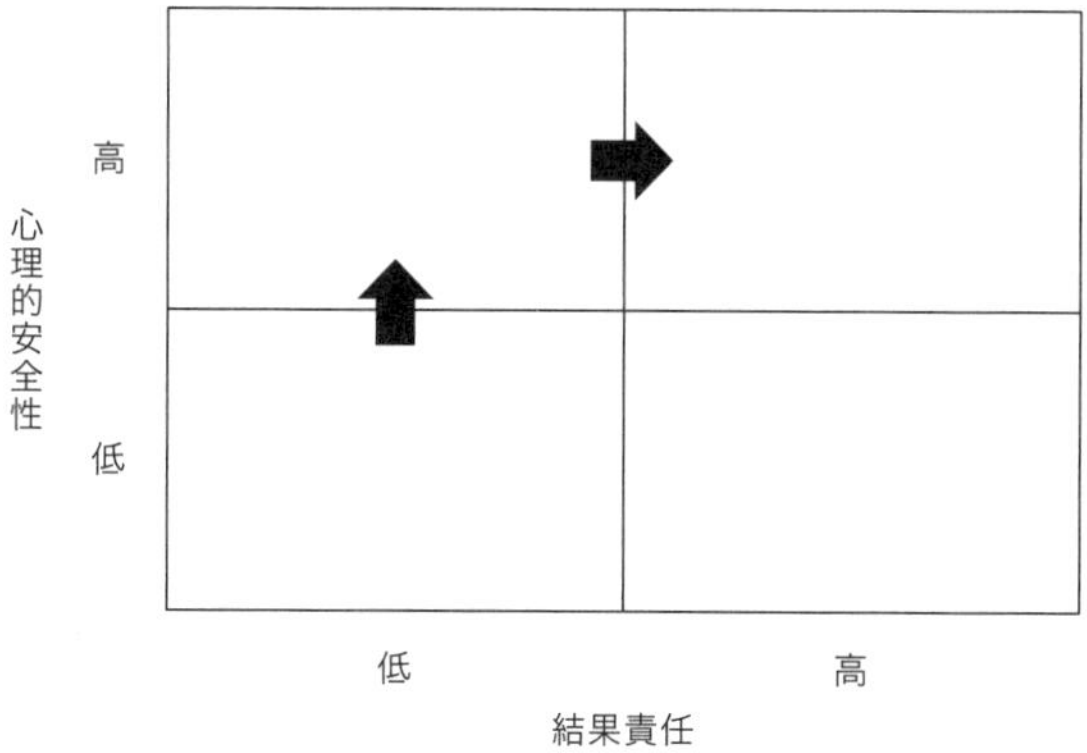

半期に一度の面談で曖昧なフィードバックを伝えるだけでは結果責任を追及したことになりません。**日々の業務の中で、行動レベルまで落とし込んだ具体的なフィードバックをタイムリーに行うことで初めて、メンバーは自分の役割と責任を理解し、結果責任を育めます。**例えば、皆さんがフィードバックを受ける立場だったとして、いきなり次のように抽象的なことを言われても心に響かないはずです。

「もう少しお客さんのことを考えて行動したほうがいい」

「もう少し目線を高くして現場を見てみよう」

このような抽象的なフィードバック

は、次のような日々の具体的なフィードバックがあって初めて効果があるのです。
「先ほどの会議で使っていた○○という単語はお客さんに使う言葉としてはふさわしくないから、次からは○○と言い換えたほうがいい」
「中長期での人材育成を考えると、現場の○○という単純な業務はアウトソーシングして、現場のメンバーがお客さんに会う時間を増やしたらどうか」

Training

思考のトレーニング

あなたは5人の営業チームのマネージャーを任されました。それまで存在していなかったチームの目標を立てて、心理的安全性を高めたにもかかわらず、なかなか結果が伴いません。こんなとき、あなたならどうやって対処しますか？

ヒント：チームの目標の抽象度が高く、メンバーにとって自分事になっていないのかもしれません。メンバーそれぞれの結果責任を高めるための方法を考えてみましょう。

↓
「思考のトレーニング」の解答例は214ページに記載

2 メンバーの多様化

さまざまな背景を持つ人材の雇用が鍵となる「メンバーの多様化」

同質的な組織ではイノベーションが生まれない

近年では「ダイバーシティ、エクイティ&インクルージョン」[1]といった言葉を聞く機会も多いかと思いますが、皆さんの組織は多様性を生かせていると言えるでしょうか？ 性別や年齢、国籍などで得られる機会に差があるとすれば、そのような社会や

1 個々の「違い」を受け入れ、認め合い、生かしていくこと

組織に未来はありません。

一方で、多様性に富んだ組織が常に優れていると考えるのは短絡的と言えます。本書では、倫理的にダイバーシティ&インクルージョンを促進すべきという話ではなく、マネージャーとしていかに多様性を最大限に引き出すかという点について解説します。

私の組織には8国籍のさまざまな背景を持つメンバーがいます。同じ東南アジア出身者でも、イスラム教徒のインドネシア人と共産主義国家のベトナム人では考え方が異なります。過去の経験も、会計士から経営コンサルタント、M&Aの専門家から事業会社の出身者まで幅広いため、専門性も異なります。

このような多様なメンバーでプロジェクトチームを組成すると、新たな視点を常に得られます。例えば、日本では風邪を引いたら近くの診療所に行きますが、インドネシアではスマホの遠隔医療で診断してもらって、薬を家に配送してもらうほうが一般的になりつつあります。あるいは、海外で買い物をしたときに日本人はクレジットカードなどで決済しますが、QRコード決済の規格が統一されている東南アジア諸国では、海外にいても自国のQRコード決済を使えます。

このような情報があれば、医師不足の発展途上国向けに診療所を設立したり、医師を派遣したりするのではなく、遠隔医療を提供するような事業が考えられます。その際の決済手段についても、銀行口座がなくても完結するようなスマホアプリを開発すれば済みます。規制や技術的なハードルは大きな構想を描いてから検討すれば良いでしょう。

これらはあくまで多様な組織が持つ特徴の一例ですが、**同質的な組織でイノベーションが生まれにくいのは、新たな視点を持てないから**です。

多様性のある組織を設計することでイノベーションを生み出せる

もし皆さんの組織が新たなアイデアの欠如によって新商品やサービスを生み出せていないのであれば、多様性のある組織を設計することが解決策の1つとなるでしょう。なぜなら、多様性のある組織は、新たな視点を常に持てるからです。

イノベーションは「異結合」や「新結合」と呼ばれるように、新たな組み合わせのことを指します。例えば、30代の日本人男性だけで構成される組織では組み合わせの数が限られます。しかしそこに別の国籍・年代・性別・業界など異なる背景を持つメンバーが加われば多様な視点を持てるので、さまざまな異結合を生み出せます。

図 1-3　均質的なチームと多様化したチームの違い

均質的なチーム

- バラつきが少ない
- 平均点が高い
- 同じようなアイデア
- コミュニケーションミスが少ない

⇔

多様化したチーム

- バラつきが大きい
- 平均点が低い
- 新しいアイデア
- コミュニケーションミスが多い

多様性のある組織は平均点が低くなる

それでは、多様性のある組織が常に優れているのかというと、そのようなことは決してありません。ここで、均質的な組織と多様性のある組織の特徴について整理しておきましょう。図1－3のように、均質的な組織ほど平均点が高く、コミュニケーションミスは少ないものの、似通ったアイデアに終始してしまう傾向にあります。一方、**多様性のある組織は新たなアイデアが生まれやすい反面、平均点が低く、コミュニケーションミスが多いという特徴があります。**

新たなチームを組成したとき、日本人同士でも「阿《あ》吽《うん》の呼吸」が通じず、コミュニケーションに苦労することがよくあります。そこに、文化的背景も使用する言語も異なる海外のメンバーが加われば、簡単なやり取りすらスムーズに進まないことは、容易に想像できるでしょう。

しかし、これからのマネージャーにとって、多様性に富んだ組織で新たな価値を生み出す能力は必須スキルと言えます。具体的な事例をもとに、多様性の生かし方について考えてみましょう。

事例3 多様なメンバーを採用したが、チームがまとまらなかった

多様性に富んだチームによる新規事業の取り組み

V社は中堅の旅行代理店で、これまで国内の個人旅行者向けにサービスを提供してきました。温泉旅館とのネットワークを日本各地に持ち、秘境へのツアーが特に好評で、根強いリピート顧客を抱えています。

しかし、国内旅行市場の成長が頭打ちとなり、ここ数年間は売上が停滞していました。これを打破するために社長が考えたのが、インバウンド向けのツアー企画でした。社長は新規事業を立ち上げるチームのマネージャーとして、Fを指名しました。

そして、V社がこれまでに経験してこなかったインバウンド向けのツアーを企画するうえで、できるだけ多様性に富んだチームを組成するよう指示しました。

Fは、既存の発想に捉われないチームを目指し、旅行業界の未経験者を中心に採用することに決め、さまざまな求人媒体を通じて次のようなメンバーを集めました。

- 40代女性：インドネシア人、玩具メーカーの商品企画担当
- 20代男性：中国人、金融機関のプログラマー
- 30代女性：アメリカ人、スポーツクラブのインストラクター
- 40代女性：スペイン人、欧州でのツアーガイド
- 50代男性：日本人、飲料メーカーの経理担当

決起集会では、各メンバーが夢を語り、新規事業の成功に向けてチームが一丸となる決意を固めました。Fはここまで多様性のあるチームをまとめた経験はありませんでしたが、メンバーが気さくに冗談を言い合っているのを見て、何とかなるのではないかと考えていました。

図 1-4　タックマンモデル

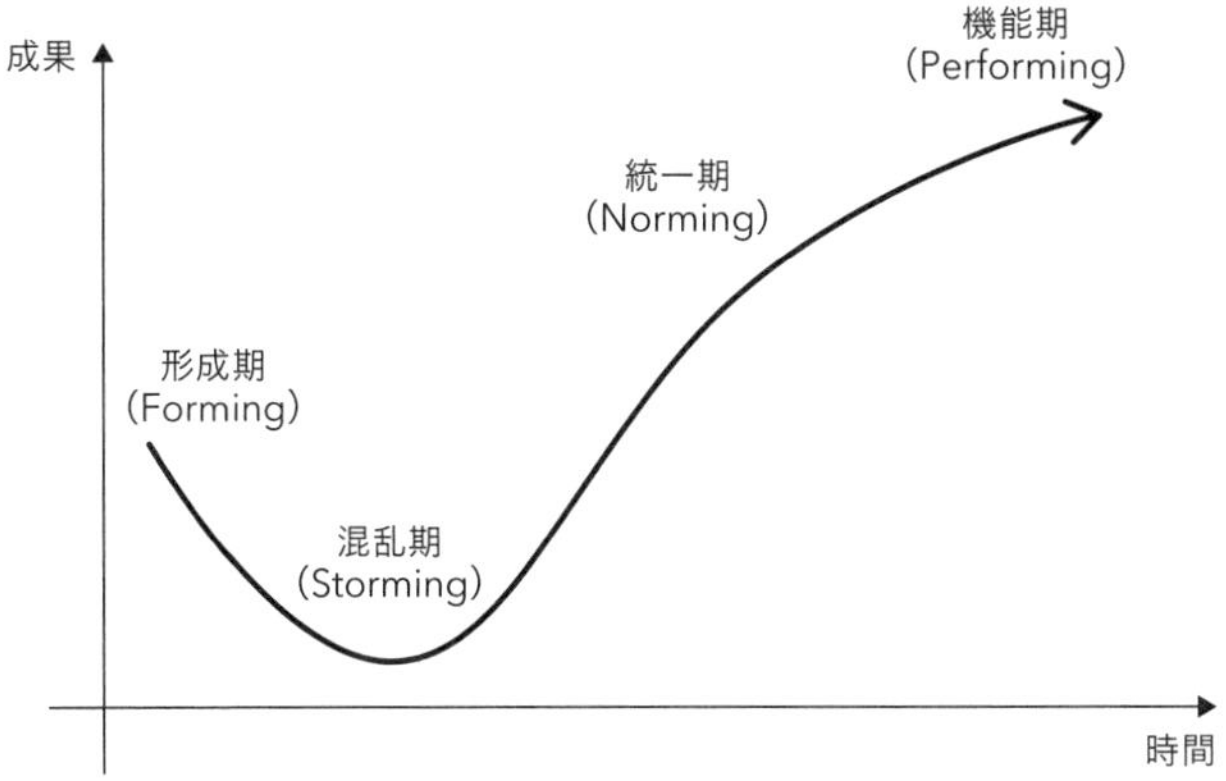

チームがまとまらず、事業撤退に追い込まれた

Fはメンバーの自主性を重んじるスタイルを取り、細かいプロジェクト運営には あまり口を出さないよう心がけていました。Fがプロジェクトの大まかな実行計画を策定した後、現場の進捗を定期的な会議で確認する流れで進めていました。

最初の2か月はトラブルの連続でした。時間通りに会議に来ないメンバー、言われたことを実行しないメンバーなどが続出して、特定のメンバーが残業して挽回する状況が続いていていました。

それでもFは、かつてビジネススクールで学んだ図1－4のタックマンモデルを思い出し、最初に混乱期（Storming）があるものの、次第に統一期（Norming）に入り、最終的に機能期（Performing）に達するものと信じていました。実際過去のプロジェクトでは、Ｆはこのモデルに沿ってチーム運営し何度も成功を収めていたのです。

しかし半年が経過した時点の社長報告では、プロジェクトの完成度は極めて低いものでした。目標としていたのは日本国内の5都市を対象としたツアー企画でしたが、実際に完成したのは1都市で、その内容も惨憺《さんさん》たるものでした。国内各地の旅館やオペレーターとの交渉がうまくいかず、企画をまとめることができなかったのです。

当然、社長からはプロジェクトを先に進める承認が得られませんでした。さらに、別途打ち出した国内富裕層向けツアーが空前のヒットとなっていたことでV社の売上も持ち直していたため、Ｆのプロジェクトは打ち切りになってしまいました。

「多様性に富んだチームをつくったのに、なぜバラバラになってしまったのだ」とＦはぼう然としてつぶやきました。

何のために多様性が必要かを明確にする

さまざまな視点から新たな発想を生む多様性は、チームの強力な武器になります。その一方で、コミュニケーションミスが多い多様性のあるチームでは、平均点が低くなる傾向があります。

Fはインバウンド事業を立ち上げるために、多様性に富んだチームを組成しました。海外の旅行者を誘致する事業では、さまざまな国籍のメンバーがいることで新たな視点やアイデアの面ではプラスに働くでしょう。

しかし、Fのプロジェクトは国内の旅館やオペレーターとの交渉がうまくいかずにとん挫してしまいました。プロジェクトに必要だったのは、海外からの旅行者に対する理解よりも、国内の旅館やオペレーターとの関係性を構築する能力や国内の慣習に従って契約をまとめる能力でした。つまり、多様性があれば必ず成功するわけではなく、目的に応じたスキルや知識が重要なのです。

マネージャーは、多様性を盲目的に礼賛するのではなく、何のために多様性が必要なのかを明確にし、その目的に合わせスキルのバランスが取れたチーム編成を心がけましょう。

事例4

顧客や協力会社と連携して新しいモノを生み出せなかった

異業種連携によるイノベーションの促進

W社は全国に200店舗を展開するカフェチェーンで、安価なコーヒーを提供し、喫煙スペースもあることから、多くのビジネスパーソンに利用されています。しかし、健康志向ブームにより喫煙者が減少し、ここ10年は出店スピードが鈍化していました。

その現状を打破するため、創業家の二代目社長は、健康食品会社と連携して合弁会社を立ち上げることにしました。合弁会社では健康に配慮した高価格帯の商品を提供し、全店禁煙を徹底して、新たなブランド名での展開を目指しました。

合弁会社の立ち上げを任されたマネージャーのEは、二代目社長と密に連携しながら計画を策定しました。社長の意向により、健康食品会社との対等な関係を維持するため、出資比率は50％対50％と設定されました。

合弁会社が無事立ち上がり、双方からエース級の社員が出向し、事業を立ち上げる準備が整いました。健康志向を掲げた新ブランドのコンセプトでは、いかに斬新で魅力的な商品を開発できるかが成功への鍵となります。異業種連携という初めての取り組みに対し当初は不安を抱いていたEでしたが、メンバーからは積極的に意見が出され、順風満帆な滑り出しに安堵しました。

新しい商品を生み出せずに合弁会社は解散

Eは二代目社長から、合弁会社設立から半年以内に店舗のコンセプトや新商品企画を含めた実行計画を策定するように指示されていました。Eは合弁会社のメンバーと昼夜をともにし、実行計画の策定にまい進しました。両社のエース級社員が集まっただけあって、実行計画はみるみるうちに出来上がっていきました。

しかし、最後まで苦戦したのが新商品開発です。両社が持ち寄った新商品のコンセプトをもとに議論し、有機栽培のコーヒー豆を使った商品やビーガン向け商品など、多様なカテゴリを試しましたが、最後まで両社のコンセプトを統一することはできませんでした。

Eはできるだけメンバー全員の意見を反映し、W社だけでなく、健康食品会社の強

み も最大限引き出すよう努めました。二代目社長もその方針には賛成で、最後までサポートしてくれましたが、コンセプトがまとまることはなく、ついに合弁会社は解散することになってしまいました。

「合弁会社はスムーズに立ち上がったのに、何が問題だったんだろう」とEはつぶやきました。

合弁会社を誰が先導するかを明確にする

合弁会社の設立時、対等の関係を維持するために50％対50％の出資比率を採用することはよくあります。このアプローチ自体の是非は問いませんが、誰が先導するかを明確にしないと、合弁会社は失敗します。特に異業種連携の場合、最終的な意思決定者を明確にしないと、プロジェクトを進行できません。

合弁会社の立ち上げを任されたEは、両社の強みを生かすために全メンバーの意見を反映しようと努めました。しかし、多様な意見を無理やり組み合わせると、調整を重ねた末に玉虫色の当たり障りのないものが出来上がってしまいます。新しいモノを生み出すには、誰かが方針を決めて、それにもとづいてさまざまな意見を出し合い、最終的に意思決定者が方針に則って決断する必要があります。

思考術

チームのビジョンを思考や活動に落とし込む

メンバーの多様化でよくある勘違い

■多様化したチームは均質的なチームよりも常に高いパフォーマンスを出す

■多様化したチームは、混乱期を乗り越えれば次第に団結して成果を出す

共通して見上げるビジョンをつくる

V社のFは多様性のあるチームの特性を理解しきれず、新規事業に必要な能力を見誤った結果、プロジェクトを打ち切りに追い込んでしまいました。また、W社のEは異業種連携を進めようとしたものの、全体のコンセプトを決める役割が不在だったため、合弁会社がとん挫することになりました。

どのようなチームであれ、成功するチームにはビジョンの共有があります。皆さんも過去に携わったプロジェクトを振り返ってみてください。プロジェクト発足当初は全員が同じ方向を向いているように感じても、進行するにつれて次々と課題に直面し、意見がぶつかることが多くなります。特に多様性に富んだメンバーが関与する場合、チームをまとめる難易度は高くなります。

ビジョンを浸透させるための施策を組み込む

ビジョンは一度明文化するだけでは不十分です。**皆さんの会社にもミッションやビジョン、あるいは経営理念や共有価値のような明文化されたものがあるかもしれません。しかし、重要なのはそれを日々の思考や活動に落とし込めているか**です。

「ソース原理」の提唱者で、『すべては1人から始まる』（英治出版）の著者であるトム・ニクソン氏は、ビジョンを明確にする方法として「WHY（なぜ）」と「HOW（どうやって）」を活用することを推奨しています。

定期的にメンバーで集まって「なぜ私たちはこのような活動をしているのか？」を問い直すと同時に、「どうやって日々の活動の中でビジョンを実現するべきか？」を考えることが重要です。これらの問いを通じて、抽象的な思考と具体的な思考を行き来して、自分たちの存在意義を確かめながら、日々の活動を見直すことができます。

どんなに多様性に富んだチームであっても、同じビジョンのもとで活動できていれば、チームの平均点を下げることなく、イノベーションを生み出す可能性を最大限に引き出せるでしょう。

Training

思考のトレーニング

あなたは国籍や背景、年齢などの多様性が高いメンバーで構成される新規事業開発プロジェクトのマネージャーを任されています。それぞれが独自の観点で思いのままにアイデアを出してくれるのですが、全く統一感のない意見をまとめることに苦労しています。こんなとき、あなたならどうしますか?

ヒント:各メンバーが独自の視点でバラバラにアイデアを出すと収拾がつかなくなるため、抽象化された共通の方向性にもとづいて進める方法を考えましょう。

↓
「思考のトレーニング」の解答例は214ページに記載

3 効率化

組織の生産性を上げる「効率化」

マネージャーは組織の生産性を上げなければならない

少子高齢化によって労働力人口が減っていく今日、生産性の向上はどの組織にとっても喫緊の課題です。それを実現するためにも、マネージャーには業務の効率化と多様化する人材の有効活用が求められています。

本節の本題である組織の生産性を上げる「効率化」について解説を始める前に、日本の労働生産性についての残念な事実について触れておきます。図1－5を見てわかるように、実は日本の労働生産性はＯＥＣＤ加盟国38か国の中で31位と低水準にあります。かつて日本の製造業が世界を席巻していた時代には、日本企業は生産性が高いと言われていましたが、現在はそのような時代ではなくなっています。

効率化の第一歩はボトルネックの把握

例えば、優れた商品をつくっているにもかかわらず、大量離職によって経験豊富な営業担当者が不足している状況を考えてみましょう。経験豊富な営業担当者がいなければ、思うように商品を顧客に届けることはできません。この状況では、経験豊富な営業担当者の不足がボトルネックということになります。

ボトルネックとは、組織全体の生産性を阻害している要因を指します。効率化のための第一歩は、ボトルネックを把握することです。

ボトルネックを取り除くことで効率化を促す

ボトルネックが特定できれば、複数の解決策を考えられます。この例で言うと、「経験豊富な営業担当者の不足」であれば、営業担当者の研修をする、経験が浅くても売れるようにマニュアルを整備する、生成ＡＩを使った営業支援ツールを開発す

図 1-5　OECD加盟国の労働生産性（2022年）

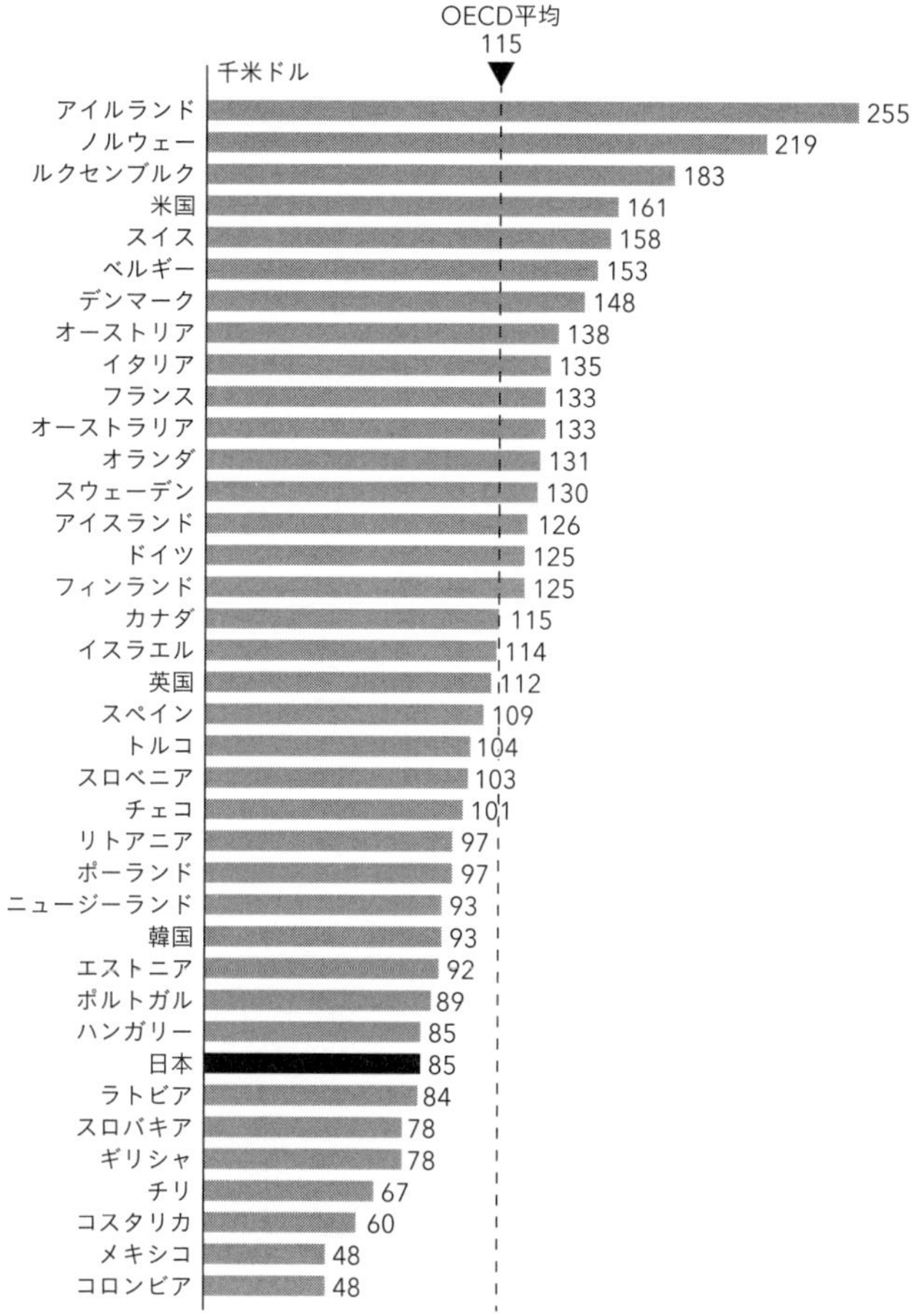

出所：「労働生産性の国際比較 2023付表」公益財団法人日本生産本部（https://www.jpc-net.jp/research/assets/pdf/chart2023.pdf）をもとに著者が作成

る、などが考えられます。

このように、マネージャーが問題の核心を見極め、ボトルネックを取り除いて本質的な効率化を推進することで、業務と責任の明確化も進み、メンバーの自律性が促されます。その結果、組織全体の生産性向上へとつなげることができます。

事例5 リモートワークでチームのエンゲージメントが低下した

柔軟な働き方の導入による効率化の促進

R社は、住民が生活環境に関する問題を自治体へ簡単に報告できる仕組みを提供するスマホアプリを展開しているスタートアップです。例えば、道に穴が開いていたら住民が写真を撮ってアプリに掲載することで自治体に連絡が届き、自治体が補修工事を完了したら今度は自治体が写真を撮って掲載します。このスマホアプリによって自治体の運営コストは低減し、住民の満足度も向上しています。

2010年代後半からR社が注目されることになったきっかけは、サービス内容の目新しさもさることながら、会社のほとんどの業務がリモートワークで実施できるというその柔軟な働き方です。現在では100人いる従業員のうち実に90人が世界各地でリモートワークをしています。副業で従事しているパートタイマーも多く、R社は未来の働き方を提案しているとして、創業当初はメディアでも大きく取り上げられました。

R社の人事マネージャーであるDは、デジタルを活用して実施した業務量と効率性によって評価される仕組みを整えました。ある業務が完了すると、ソフトウェアが自動的に業務の効率性を判定してくれて、今後の改善提案もしてくれます。例えば、キーボード操作が苦手な従業員には、操作のコツが示されたり、スキル向上のためのゲームが提案されたりします。

多くの自治体がサービスを採用したことと、独自の仕組みによる業務の効率化によって、R社は一気に業績を伸ばしました。Dは、わかりやすく数値化された各メンバーの業務状況を注意深く見守りながら、引き続き効率化に向けた施策を実施していきました。

エンゲージメントの低下による業務効率の低下

R社は無事に上場を果たし、海外展開も視野に入ってきました。そのようなタイミングで、R社の成長に陰りが見えてきました。これまで定期的に新しいサービスをリリースしてきましたが、ここ数か月間は不具合対応のみで、新しいサービスがほとんどリリースできていませんでした。

Dが調査したところ、個別業務の効率自体は上がり続けているものの、メンバー同士の連携が悪く、組織全体で見ると非効率になっていることがわかりました。その結果、チームワークや情報共有の不足からメンバーの組織へのコミットメントが弱まっていたようです。このままでは、新しいサービスどころか、今後の個別業務の効率化も危うい状況です。

「リモートワークでも効率的に働ける仕組みをつくったのに……」とDはがっくりと肩を落としました。

個別業務の効率化だけを目指してはいけない

Dはリモートワーク下でも、ソフトウェアを使って個別業務の効率性を測定し、効率的に業務を実施できる仕組みを構築しました。これ自体は素晴らしい取り組みです。しかし、個別業務の効率性をいくら追求しても、組織全体の効率化につながるとは限りません。その結果として従業員エンゲージメントが低下してしまっては本末転倒です。

事例6 ITで効率化したらメンバーから意見が出なくなった

業務効率化ツールの導入による人件費削減

歴史ある大手食品メーカーであるS社は、強力なマーケティング部門によって毎年ヒット商品を生み出し続けています。そのマーケティング部門は学生の間でも根強い人気を誇っていて、就職人気ランキングでもS社は毎年上位に位置しています。

一方で、原料の高騰によりS社の営業利益率は低下し続けていて、時価総額も低迷しています。IT部門のマネージャーであるYは、社長からの要請を受けて業務効率化ツールの導入を進めることになりました。特に多くの人員を抱えるマーケティング部門では、生成ＡＩの活用により、社内外の人件費を大幅に抑制することが期待されていました。

まずＹは、マーケティング部門の業務プロセスを分析し、属人的な業務を排除して標準化を進めました。そして、新人であっても、画面の指示に沿ってシステムに入力するだけで、新商品の素案が提案される仕組みを構築しました。特に、自社で保有している知的財産や市場データをもとに新商品のアイデアを量産してくれる生成ＡＩを使った機能は、マーケティング部門のメンバーからも好評でした。

当初の目的だった人件費の抑制も実現し、営業利益率には改善の兆しが見え、Ｙはマーケティング部門での取り組みを他部門へと展開することを計画し始めました。

ヒット商品が出せなくなったマーケティング部門

人件費を抑制しながらも、Ｓ社では新商品を過去と同じペースで発売し続けました。しかし、一番の違いはヒット商品が全く生まれなくなったということです。

そもそも食品業界でヒット商品を出すことは難しく、毎年多数の商品を発売しても、翌年まで残っている商品はごくわずかです。しかし、Ｙが業務効率化ツールを導入してからは、翌年に残るどころか、コンビニやスーパーですぐに棚落ちする商品ば

図 1-6　仕事は5つのプロセスからできている

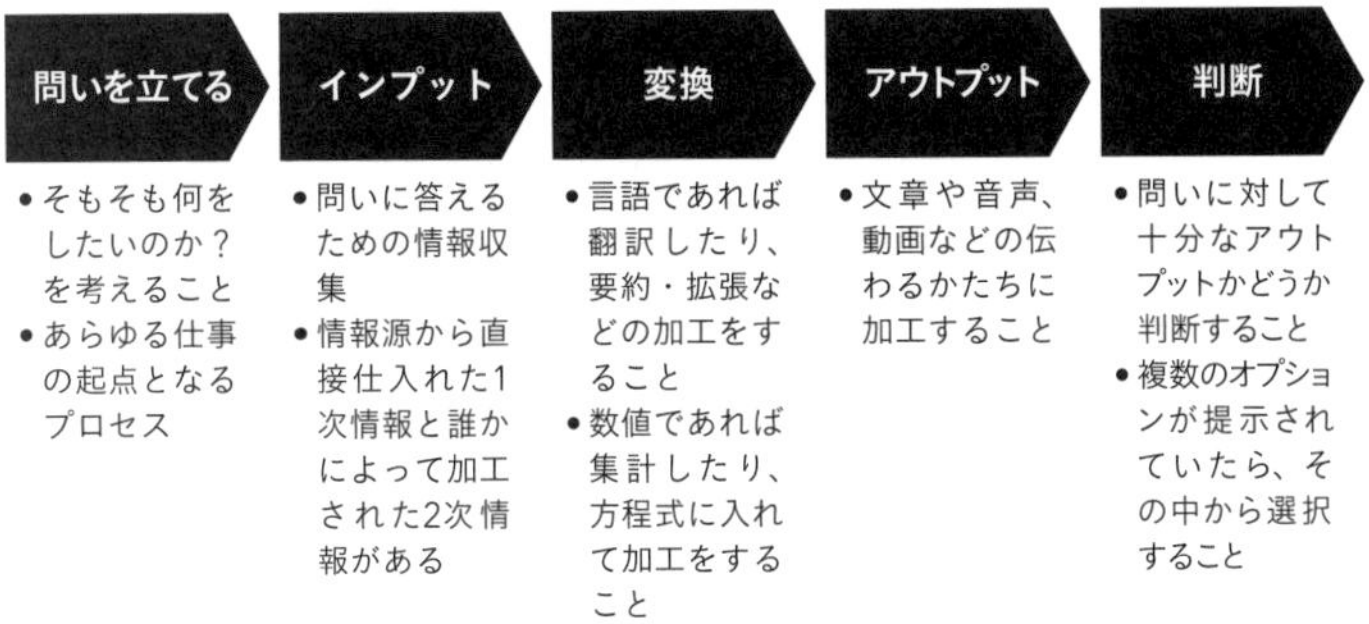

問いを立てる	インプット	変換	アウトプット	判断
● そもそも何をしたいのか？を考えること ● あらゆる仕事の起点となるプロセス	● 問いに答えるための情報収集 ● 情報源から直接仕入れた1次情報と誰かによって加工された2次情報がある	● 言語であれば翻訳したり、要約・拡張などの加工をすること ● 数値であれば集計したり、方程式に入れて加工をすること	● 文章や音声、動画などの伝わるかたちに加工すること	● 問いに対して十分なアウトプットかどうか判断すること ● 複数のオプションが提示されていたら、その中から選択すること

かりになってしまいました。

「生成ＡＩを活用した画期的な業務プロセスを構築したはずなのに……」とＹは途方に暮れてしまいました。

人間がどの領域で価値を出すのかを考える

Ｙが取り組んだ業務効率化ツールの導入自体は間違ったものではなく、ＩＴによる効率化はどの企業でも取り組むべき重要な課題と言えます。問題は、なぜこれまでのやり方がヒット商品を生み出していたのかを分析していなかったことにあります。

仕事というのは図1－6のとおり、「問いを立てる」「インプット」「変換」「アウトプット」「判断」の5つのプロセスに分かれますが、このうち「問いを立てる」と「判断」は人間がやるべき仕事です。新商品を考える際には人間がユニークな「問いを立てる」ことが重要です。そして、提示された複数のオプションのうち、どれを選択するか「判断」することも人間が責任を持ってすべきことです。

S社のマーケティング部門では、若手でも自由に意見を言える雰囲気があり、老若男女問わず意見を出し合うことで、これまで多くのユニークな商品を世に送り出してきました。また、専業主婦のアイデアを取り入れたり、学生を商品開発チームに招いたりする取り組みも行ってきました。

このような多様なメンバーでアイデアを出し合えば、新たな視点で問いを立てられるでしょう。しかし、業務の標準化により、問いの設定自体がありきたりなものに制約されてしまえば、その後のプロセスで生成AIを使って情報を集めても、大したアイデアは出てきません。

思考術

「無目的」の場の重要性を意識する

効率化でよくある勘違い

- 出社する理由がないときはできるだけリモートワークを推進することが効率化につながる
- 個別業務の処理効率を上げることが、組織全体の効率化につながる
- DXツールを導入すればすぐに現場の生産性が高まる

無目的の場がないと組織が壊れる

S社では業務効率化の一環として新商品開発プロセスを標準化しましたが、その結果、自由にアイデアを出すための意見交換の場が失われてしまいました。これは何も新商品開発に限った話ではありません。

例えば社外の人と打ち合わせ後エレベーターに向かう途中で、会議室では出てこな

かったアイデアについて話が盛り上がったことはありませんか？　あるいは、休憩室や喫煙室などで他部門の人と話す中で、有意義な情報を得たことはないでしょうか？　部門や役職を超えたカジュアルな交流から得られる情報は、時に大変価値のあるものとなります。

私が住んでいる東南アジアでも同じような状況が見受けられます。例えば、多くのベトナムのビジネスパーソンには、夕方になると街角のコーヒーショップに集まり、意見交換をするという習慣があります。その場では、一般には公開されていない情報が共有されたり、新たなビジネスについての会話がされたりしています。

このような「無目的の場」というのは組織の潤滑油のようなもので、組織運営上大切な役割を担っています。そして、そのような場が減ってくると、信頼関係の希薄化やイノベーションの停滞が進み、組織が弱体化することにもつながります。

無目的の場を設計しないといけない時代へ

R社では、リモートワークを中心とした業務設計により、世界中どこにいても働ける画期的な仕組みをつくりました。これ自体は、人口減少社会において、あらゆる企業が今後導入を検討すべき重要な取り組みと言えるでしょう。では、一体R社には何

図 1-7　コロナ禍前後での働き方の変化

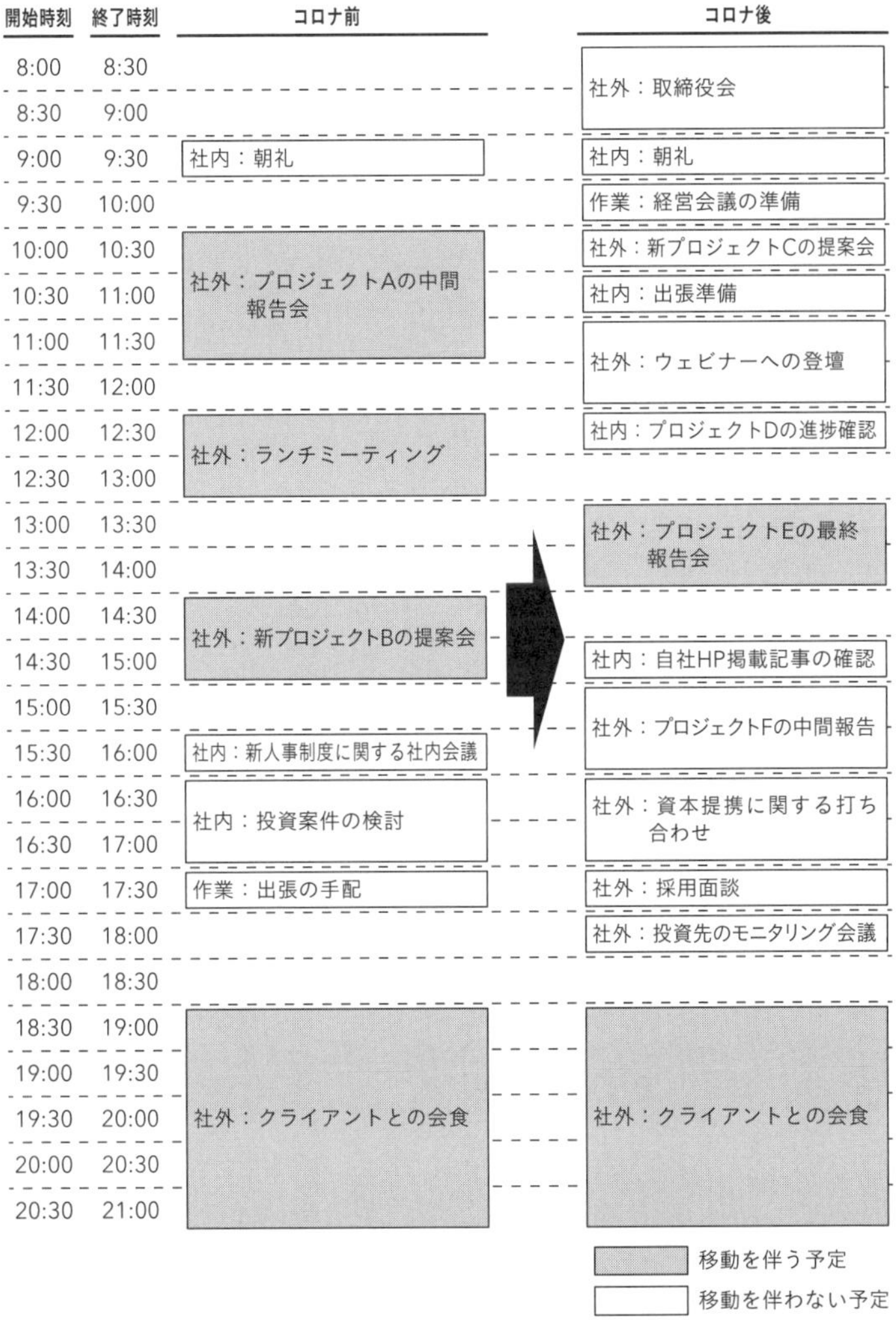

開始時刻	終了時刻	コロナ前	コロナ後
8:00	8:30		社外：取締役会
8:30	9:00		
9:00	9:30	社内：朝礼	社内：朝礼
9:30	10:00		作業：経営会議の準備
10:00	10:30	社外：プロジェクトAの中間報告会	社外：新プロジェクトCの提案会
10:30	11:00		社内：出張準備
11:00	11:30		社外：ウェビナーへの登壇
11:30	12:00		
12:00	12:30	社外：ランチミーティング	社内：プロジェクトDの進捗確認
12:30	13:00		
13:00	13:30		社外：プロジェクトEの最終報告会
13:30	14:00		
14:00	14:30	社外：新プロジェクトBの提案会	
14:30	15:00		社内：自社HP掲載記事の確認
15:00	15:30		社外：プロジェクトFの中間報告
15:30	16:00	社内：新人事制度に関する社内会議	
16:00	16:30	社内：投資案件の検討	社外：資本提携に関する打ち合わせ
16:30	17:00		
17:00	17:30	作業：出張の手配	社外：採用面談
17:30	18:00		社外：投資先のモニタリング会議
18:00	18:30		
18:30	19:00	社外：クライアントとの会食	社外：クライアントとの会食
19:00	19:30		
19:30	20:00		
20:00	20:30		
20:30	21:00		

　移動を伴う予定

　移動を伴わない予定

図 1-8　個別テーマと抽象化したテーマ

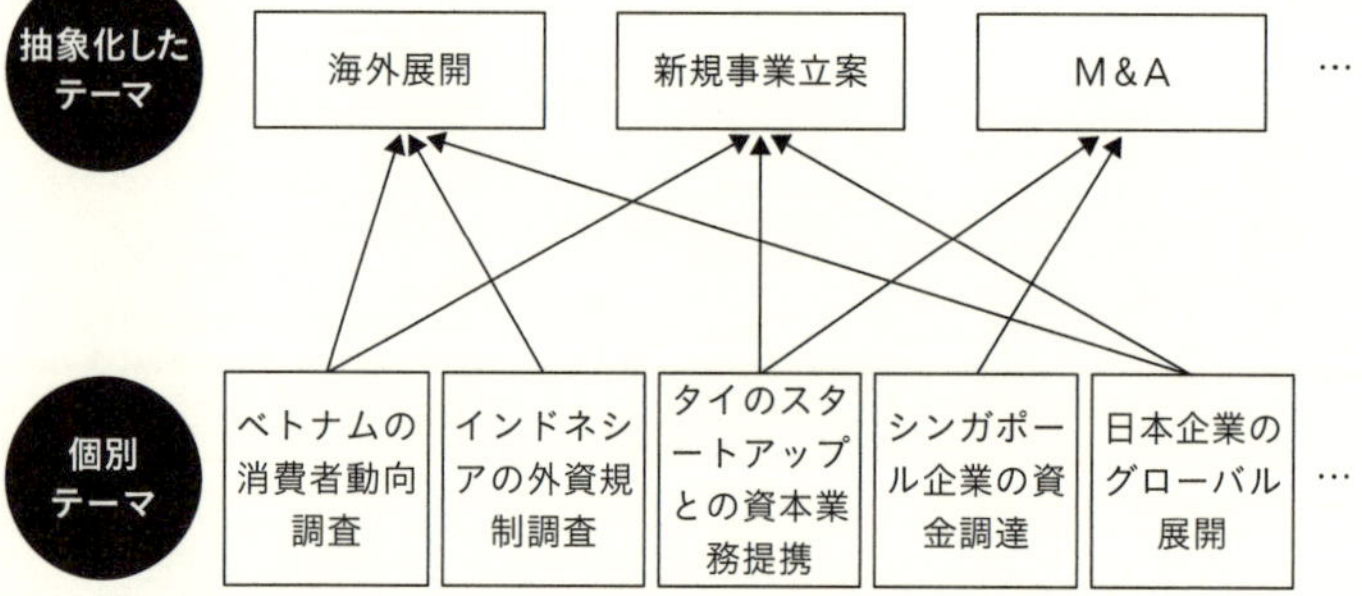

が足りなかったのでしょうか？　従業員エンゲージメントの低下に悩まされることになった要因を考えてみましょう。

図1－7はコロナ禍前とコロナ禍後の私のスケジュールの変化を示したものです。コロナ禍前は会議から会議への移動時間があったため、その間にメンバー同士で会話をしたり、会議の内容を整理したりすることができました。一方で、コロナ禍後はそのような時間が消失していることがわかるでしょう。

また、リモートワーク中、業務時間内とはいえ、他のメンバーに連絡する際は気を使ってしまいませんか？　特に目的のない雑談がしづらいと感じるのではないでしょうか？　こうした状況を打破するために、意識的に無目的の場を設計することもマネージャーの大切な役割になっています。

R社、S社の両社においては、「自由な会話の場」が失われたことが組織のボトルネックになっていました。一見すると非効率に見えるこのような場こそが、実は組織の効率性を高める重要な要素なのです。

例えば、私のチームでは毎日の朝礼や週次会議、メンバーでの食事会などでこうした自由な会話の場を意図的に設けています。その場で行われる情報交換は、プロジェクトを遂行するうえでかけがえのないものになることがあります。

なぜなら、各メンバーが担当するプロジェクトのテーマは図1－8のように具体的なものですが、これを抽象化することで、業種や国を超えて共有できるノウハウが数多く含まれていることがわかります。

例えば、「タイのスタートアップとの資本業務提携」と「シンガポール企業の資金調達」を抽象化して捉えると、どちらもM&Aに関するテーマと言えます。

Training

思考のトレーニング

あなたは非効率な業務プロセスがたくさん残っている会社のＤＸプロジェクトを任されているマネージャーです。外部のＩＴコンサルタントに現場の意見を吸い上げてもらって業務のデジタル化を進めたにもかかわらず、現場からは業務負荷が増したと文句が出ています。こんなとき、あなたならどうしますか？

ヒント：現場の個別具体的な業務をデジタル化する前に何をすべきか考えてみましょう。

↓

「思考のトレーニング」の解答例は２１５ページに記載

第1章のまとめ ～場をつくる～

チームの心理的安全性

- ☑ 誰もが安心して意見を述べられる「心理的安全性」を確保することは、メンバーの潜在能力を引き出し、チーム全体のパフォーマンスを向上させるために欠かせない
- ☑ 心理的安全性を重視するあまり結果責任が軽視されると成果が伴わないため、メンバーが自律的に行動できるよう、具体的でタイムリーなフィードバックを通じて結果責任を確立することが重要

メンバーの多様化

- ☑ 異なる背景を持つメンバーが集まる「多様性」を生かした環境では、新しい視点やアイデアが生まれやすく、組織におけるイノベーションが促進される
- ☑ 多様性を持つ組織はコミュニケーションの難しさから平均点が下がる傾向にあるため、メンバー全員が共有するビジョンを明確にして日々の行動に浸透させることで、組織の一体感を生むことが重要

効率化

- ☑ 業務上のボトルネックを見極めて「効率化」を推進することで、業務と責任が明確化され、組織全体の生産性向上につながる
- ☑ 業務の効率化に偏重しすぎて自由な会話の場が失われると、コミュニケーション不足によってイノベーションや信頼関係が停滞するため、マネージャーは意識的に雑談や意見交換の場を設計し、情報共有を促進することが重要

第2章

問題を発見する

見えないものを見るための「数値化・言語化」

マネージャーはすべての現場を直接見ることはできない

皆さんがプレイヤーからマネージャーになったときに感じた不都合にはどのようなものがあるでしょうか？

プレイヤーとマネージャーの一番の違いは、直接現場を見ているかどうかです。プレイヤーは、問題が起きていることをいち早く察知して対応できます。しかし、たとえプレイングマネージャーであっても、すべての現場を直接見ることはできません。

そのような状況下で判断を求められるマネージャーというのは、非常に難しい仕事だと言えます。

現場からの報告にいちいち反応して反射的に対策を打っていたらチームとしての方向性を見失いますし、すべての情報を集めるために何度も現場に足を運んでいたらチームが機能不全に陥ります。一方で、現場を見ず何の根拠もないままに間違った打ち手を講じて現場を混乱させたら、マネージャーとしての信頼を失うでしょう。

数値化や言語化による見える化

このようなマネージャーの不都合を解決するためにあるのが、数値化や言語化といった手法です。具体的には、店舗別売上レポートのような帳票や営業日報のような報告書のことを指します。

例えば、ある営業マネージャーが20店舗を管理している場合、店舗別売上レポートを見れば、各店舗に問い合わせなくても全店舗の売上を把握できます。同じ帳票に店舗別の予算が載っていれば、予算を達成した店舗と未達の店舗も一目瞭然です。

また、店長から送られてくる営業日報を読めば、「どのようなお客さんが来店したのか」や「アルバイト間でトラブルが発生したが、無事解決した」などの定性的な情報を得ることもできます。日報に「現在抱えている問題」という項目を設けておけば、現場で起きているトラブルもいち早く把握できます。

このように、マネージャーが直接現場を見ていなくても、数値化や言語化をすることで現場の情報を間接的に把握できるようになります。皆さんの会社でも会議体や社内イントラなど、数値化や言語化のためのさまざまな仕組みが導入されていることでしょう。

数値や言語は抽象度が高い情報

では、マネージャーが帳票や報告書を見ていれば、判断に十分な情報が得られるのでしょうか? 少しでもマネージャー経験のある人からすれば当然かもしれませんが、帳票や報告書を見るだけでは、判断に十分な情報を得ることはできません。

なぜかというと、帳票や報告書に載っている情報は抽象度が高い情報だからです。図2－1のように、**現場で起きた事象に対して、言語や数値というのは抽象度が高い情報であることを意識していないと、判断を誤ることになってしまいます。**

図 2-1　数値化と言語化は抽象化する行為（再掲）

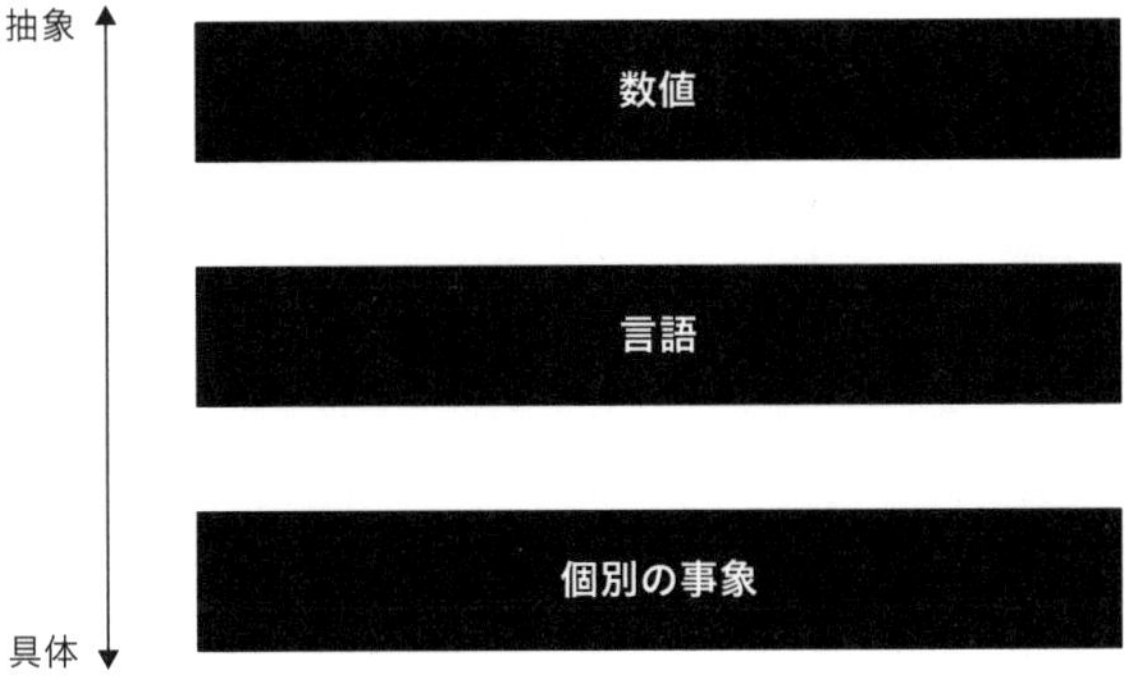

事例7　日報を読んでも、現場の問題に気づけなかった

LINEでのカジュアルな日報

B社は30年の歴史を持つ業界でも大手の人材紹介会社です。ここ数年B社の中で問題になっているのは、体育会系のB社の社風についていけないZ世代の離職率が高いことです。マネージャー間では以下のような会話が日常的になされています。

「Z世代に仕事のミスを指摘したら、翌日から会社にこなくなった。3日後に退職代行会社から退職すると連絡があった」

「Z世代は何でもオンラインで済ませようとする。私が新人だったときには毎日10件はお客さんとの対面アポを入れていた」

B社の新人マネージャーのMはこのような会社の状況を踏まえて、LINEを使った日報に切り替えることにしました。Mの思いとしては、堅苦しいレポート形式よりもカジュアルなLINEのほうが、Z世代中心のメンバーとわかり合えると考えたようです。

LINEによる日報の導入は順調に進み、メンバーは絵文字も使ってMに日報を送っていました。日報には仕事で感じたこと以外にも私生活での出来事なども含まれていて、Z世代とわかり合えたことにMは満足していました。

ある日噴出した現場のトラブル

そんなある日、Mは顧客企業から突然の電話を受けました。

「3週間前にお願いした急ぎの案件に関して、何も連絡がなくて困っています。担当者に電話しても連絡が取れないので何とかしてもらえませんか?」

その担当者はMが信頼を寄せる部下の1人で、LINEでも毎日コミュニケーションを取っています。「何でこのような事態に陥ったのだろう」とMは疑問に思い、担当者に連絡を取りました。そこで返ってきたのは思いもよらない回答でした。

「MさんにはＬＩＮＥで何度も相談していたのに、一度も相談に乗ってくれなかったじゃないですか！」

たしかに過去のＬＩＮＥ履歴を改めて見返すと「今日は良い候補者に出会えなかった」「明日からは違う属性の候補者にアプローチしてみたい」といった連絡がここ1週間ほど続いていました。しかし、Mは一度もそれを相談とは受け取っていませんでした。

MはＬＩＮＥで日報を上げてもらうという新たな試みをしました。メンバーと関係性を築くうえでそれ自体は悪いことではなかったのですが、肝心の現場のトラブルを察知できていないのでは本末転倒です。

上がってくる情報の抽象度を合わせる

Mが今回のような問題を未然に防ぐためには、「何か問題を抱えているか？」や「何か相談事項はあるか？」といった「はい」「いいえ」で答えられる情報だけを日報で聞けば良かったのです。

図 2-2　抽象度の高い情報と低い情報の特徴

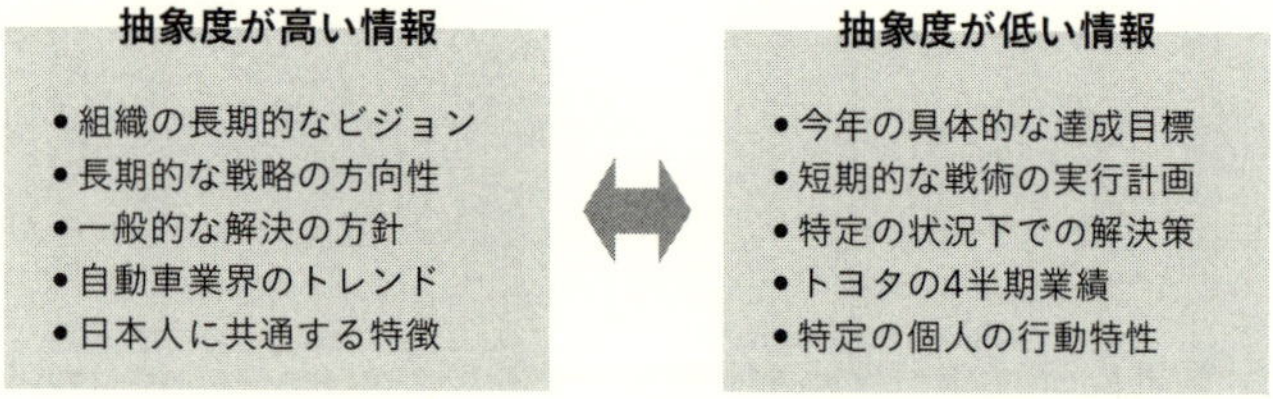

抽象度が高い情報	抽象度が低い情報
●組織の長期的なビジョン	●今年の具体的な達成目標
●長期的な戦略の方向性	●短期的な戦術の実行計画
●一般的な解決の方針	●特定の状況下での解決策
●自動車業界のトレンド	●トヨタの4半期業績
●日本人に共通する特徴	●特定の個人の行動特性

なぜならば、Ｍにとってはほんの些細な出来事のように見えても、担当者にとっては一大事かもしれません。あるいは、現場で起きている問題を日報で事細かに報告することは担当者にとっての心理的負担が高くなってしまうかもしれません。

　現場で何らかの問題が起きていることを察知できれば、それに対してより深い情報を取りに行くことができます。具体的な情報を吸い上げているからといって、必要な情報を得られているとは限らないということを理解しましょう。

　ＭはメンバーとＬＩＮＥでやり取りをすることで、メンバーの日々の具体的な活動を把握したり、メンバーの考え方を理解しようとしたりしていました。それ自体は否定されるべき行為ではありませんが、カジュアルなメッセージによるテキスト情報というのは、解釈が分かれるため情報としては使いづらいという点が、今回の問題の裏に潜んでいます。

図2－2で抽象度の高い情報と低い情報の特徴を整理していますので参考にしてみてください。また、メンバーが問題を抱えているときに、それを報告しやすくするための「場のつくり方」については第1章で詳しく解説しています。

事例8　会議でKPIを確認しているのに、売上が未達だった

月次会議でのKPI管理の徹底

C社はクラウド型の会計ソフトを販売しているスタートアップ企業です。ベンチャーキャピタルからの資金調達に成功し、さらなる拡大を実現するために20人の営業担当者を新たに採用しました。

これまでは創業メンバーが必死に営業することで成長してきましたが、営業担当者が増えたこともあり、月次の営業会議を設定してKPI管理をしていくことにしました。ベンチャーキャピタルに提出した事業計画の売上は「市場規模（金額）×市場占

有率（％）」で計算していたため、ＫＰＩも市場規模とシェアを使うことにしました。

ＫＰＩ管理を始めた最初の月は、市場規模が拡大したこともあり、無事に売上計画を達成しました。社長のＷは営業会議で社員たちに労いの言葉をかけ、チームのモチベーションは最高潮に達しました。

計画未達が続いて追加されたＫＰＩ

問題が起き始めたのはその数か月後でした。市場規模が縮小したため、市場占有率は維持していたのですが売上が計画未達となってしまいました。その翌月も同様で、いくら営業会議でＷがはっぱをかけても売上が回復することはありませんでした。

悩んだＷは、他の創業メンバーと何が問題なのかを話し合いました。その結果、市場規模と市場占有率は直接コントロールできない指標であるため、ＫＰＩとしては不適切だという結論に至りました。営業担当者の活動を管理するうえでは顧客との面談回数が適切だということになり、新たなＫＰＩとして追加することになりました。

Ｗは新たなＫＰＩである顧客との面談回数を発表し、オフィス内に営業担当者ごとの数値を貼り出しました。その結果、営業担当者は次々と顧客との面談アポを入れるようになり、再び社内に活気が戻ってきました。

オフィスでは営業担当者が面談回数を競い、前月と比較すると3倍くらいの面談が実施されました。Wはその月の売上が計画を大幅に上回るのを楽しみにしていました。翌月の頭に売上の集計が終わり、迎えた営業会議でのことです。売上レポートを見たWは絶句しました。

「なぜあれだけ活動量を増やしたのに売上が下がっているんだ」

CSFに紐づいたKPIを設定する

Wが実施したKPI管理の何が問題だったのかわかりましたか？

「売上＝市場規模×市場占有率」という計算式の問題はすぐにわかると思います。市場規模のように自社の努力だけではコントロールできない指標をKPIに設定してしまうと、問題の発見につながらないので、正しい手を打てません。

次に「顧客との面談回数」についてはどうでしょうか？こちらは自社でコントロールできる指標ですし、一見正しいKPIのように見えます。しかし、ここでの問題は、KPIがCSF（重要成功要因）と紐づいていなかったことです。次の計算式をもとに詳しく考えてみましょう。

図 2-3　CSFを把握するための分析

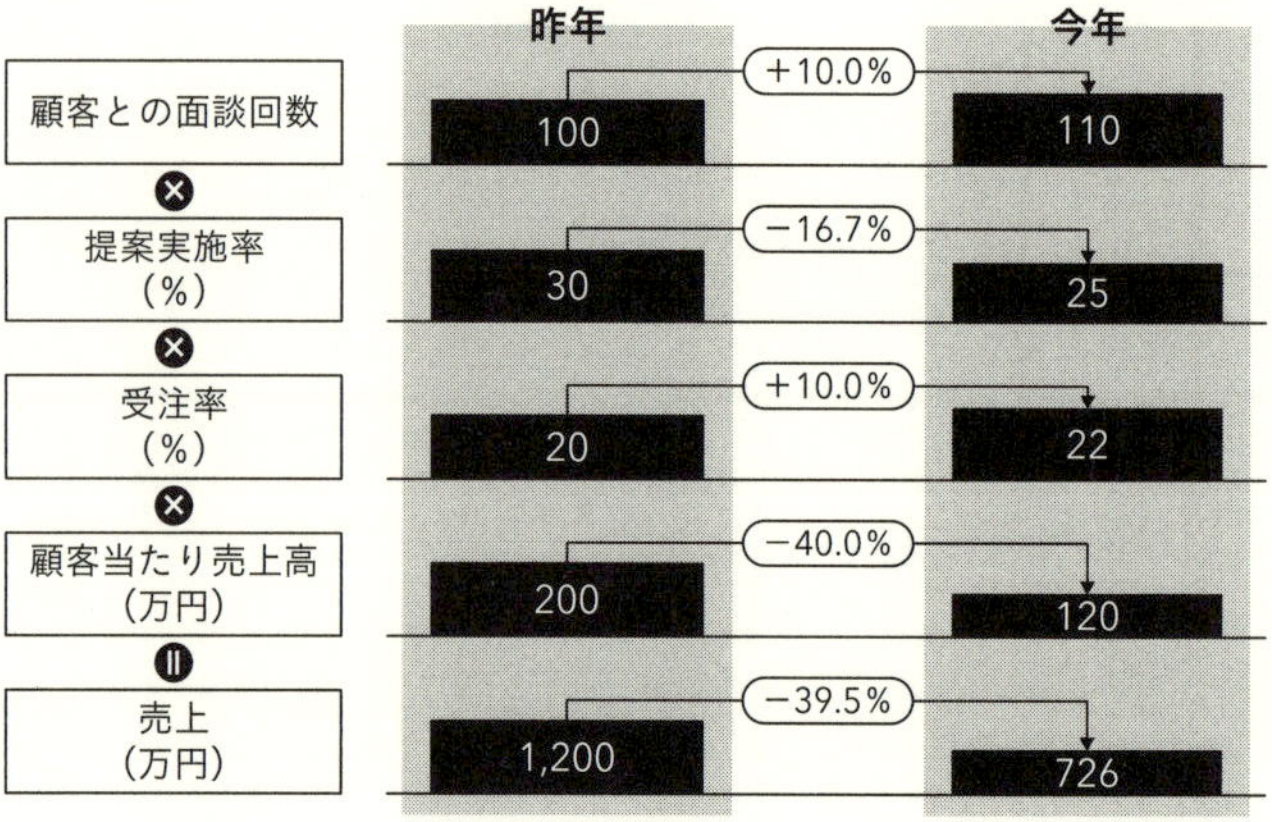

売上＝顧客との面談回数×提案実施率×受注率×顧客当たり売上高

図2－3のような分析をした結果、十分な受注件数があるにもかかわらず、顧客1人当たりの売上高が過去と比較して低下している、あるいは競合と比較して低いことがわかったとします。その場合、顧客1人当たりの売上高を上げることが重要になります。

もう少し分析して、営業担当者ごとに顧客1人当たりの売上高にバラつきがあることがわかったとします。顧客1人当たりの売上高が高い営業担当者は、セット販売を提案していたことが判明したら、セット販売の実施が

CSFだという仮説を立てられます。

ここまで因数分解できれば、「セット販売実施率」や「セット販売実施件数」をKPIに設定できるでしょう。

思考術

言語や数値は抽象度が高い情報であることを意識する

数値化・言語化でよくある勘違い

- 数値化や言語化をするだけで、現場が「見える化」される
- 詳細な帳票や日報を見れば、現場の解像度が上がる

事件は現場で起きている

世の中には数値化・言語化するためのたくさんの経営理論やフレームワークなどが存在しています。皆さんもブルーオーシャン戦略やジョブ理論、VRIOフレームワークやバランス・スコアカードなどを耳にしたことがあるのではないかと思いま

す。これらは世界的に有名な経営学者が考案したもので、一定の効果が保証されていると言えます。

しかし、これらの経営理論やフレームワークを使ううえで、忘れてはいけないことがあります。それは、現場の活動が変わらなければ、業績はいっさい変わらないということです。

「利益＝売上－費用」のように損益計算書では現場の活動結果を抽象化して、売上や費用などの数値で表現されます。この背後には、無数の現場での事件が隠されていることを忘れてはいけません。

商品の発売日に物流の問題が発生して商品が届いていないかもしれません。発注ミスによって大量の不良在庫を抱えているかもしれません。パワハラによって大量離職が発生して、穴埋めのための外注費用がかさんでいる可能性もあります。

マネージャーがすべての現場を常に見張ることはできません。したがって、メンバーからの報告や帳票をもとに抽象化された情報を得る必要があります。

目的に合わせて取得すべき情報と頻度を見極める

2つの事例で見たように、どれだけ頑張って現場の情報を取得しても、それが目的に合っていなければ意味がありません。情報の取得方法を設計する際に意識すべきは次の3点です。

1つ目は、目的に合った抽象度の情報を取得するという点です。1つ目の事例で見たように、Mは具体的な情報の収集に努めていましたが、本当に必要だったのは現場で問題が起きているかどうかという極めて抽象度の高い単純な情報でした。問題が起きていることを察知して初めて、適切かつ具体的な情報の取得が可能になります。

2つ目は、目的に合った頻度で情報を取得するという点です。1つ目の事例でMは日報という形式で毎日情報を取得していました。顧客とのトラブルをいち早く察知して対応するうえでは適切な頻度と言えるでしょう。一方、2つ目の事例でWは月初の営業会議で前月のKPI実績を確認していました。当たり前ですが過去にさかのぼって活動内容を変えることはできないので、もう少し高い頻度で情報を取得すべきだったのかもしれません。

最後に、不要な情報を取得しないということにも留意しましょう。情報取得にはコストがかかります。たとえ帳票が自動的に作成されているとしても、帳票を見ること自体もコストです。皆さんの会社には、誰も見ていない帳票はないでしょうか？あるいは何の役にも立っていない会議での情報共有などはないでしょうか？

Training

思考のトレーニング

リモートワークをしている新人メンバーから日報を送ってもらっているにもかかわらず、現場での問題がたびたび起きています。日報では問題が起きているかどうかを記載する項目を設けているのですが、有効に機能していません。こんなとき、あなたならどうしますか？

ヒント：経験が浅いメンバーの場合には現場で起きている事象を抽象化して、それがどのような意味を持つか判断するのが難しいかもしれません。どうやったらメンバーからの情報をもとに問題が起きていることを検知できるか考えてみましょう。

↓

「思考のトレーニング」の解答例は216ページに記載

5

三現主義

現場をよく観察する「三現主義」

マネージャーは現場感がなくなる

プレイヤー時代には現場の情報に直接接しているため、現場で起きていることを高い解像度で理解したうえで判断できます。しかし一度マネージャーになると、現場からの距離ができるため、次第に現場に対する感度が失われていきます。ましてや経験のない部門のマネージャーに抜てきされたら、もともと現場経験がないため、高い解像度で現場に対する感度を持つことはさらに難しいでしょう。

例えば、それまで社内で実施していた会計ソフトへの入力業務をアウトソーシングしたとしましょう。それまでは経理担当者が実施していた業務が社外で実施されることになりました。このような部門のマネージャーを任されたらどうでしょうか？現場の仕事自体が大きく変わっているため、現場の状況を高い解像度で把握するのは極めて難しいとわかります。

スマホの普及やコロナ禍によるリモートワークの普及によって、私たちの仕事の進め方は大きく変わりました。これからも外国人労働者やZ世代の増加に伴い、職場の常識も変わり続けるでしょう。そのため、皆さんにどれだけ現場経験があろうと、マネージャーの現場感は失われていきます。

本節では、実際に「現場」で「現物」を観察して、「現実」を認識したうえで問題解決や意思決定をする「三現主義」について解説します。三現主義は特に日本の製造業でよく使われていることで知られています。

百聞は一見に如かず

私は経営コンサルタントや投資家として多くの企業改革にかかわってきました。企業の置かれている状況を理解するためにヒアリングやデータ分析をしますが、一番重視しているのは初期段階で現場を見に行くことです。

例えば、過去に東南アジアのブライダル業界の仕事にかかわっていたときには、週に数回結婚式に参列して情報収集に努めました。百聞は一見に如かずとはよく言ったもので、海外の結婚式に参列することで日本の結婚式との違いが手に取るようにわかりました。

イスラム教徒の結婚式には数千人が参列することが一般的です。数千人を収容できる会場は多くないため、空き地にテントを張って、その中にテーブルや椅子、ケータリングなどを設置して催されます。これらを取り仕切っているのが現地のウェディングプランナーという職種になります。

日本のウェディングプランナーは結婚式場の営業窓口やコーディネーターのような位置づけですが、イスラム教徒のウェディングプランナーの本質は、多くの備品を貸し出しているレンタル業者であることがわかりました。レンタル事業は規模を追求して多くの備品を保有することで、貸し出し効率を高めることが可能となります。

現場で得られる情報は解像度が高い情報

前節で、言語化や数値化をすることで抽象度が上がると解説しましたが、現場で直接得られる情報は抽象度が低く、解像度が高い情報です。言語化や数値化をするときには多くの具体的な要素や特定の属性に関する情報が捨てられてしまいますが、現場を直接見ればそのようなことはありません。

例えば、ジャカルタでの資材の配送効率が悪いというデータがあったとします。一度も現場を見ずにデータ分析だけで問題を正確に理解することは極めて困難です。

では、ジャカルタで配送しているトラックに1日乗ってみたらどうでしょうか。渋滞により1時間で100メートルしか進まないときがあったり、店舗で資材を受け渡そうとしたら店舗マネージャーが礼拝のため不在にしていて戻りを待つ必要があったりします。現場スタッフのITリテラシーが低く、発注データ自体が間違っていたことが判明するかもしれません。

このような現場の状況を言語や数値で伝えることは難しいですが、一度見てしまえば、現場感を持って情報を解釈できるようになります。

事例9

現場のサンプルだけで判断してしまった

定期的な現場訪問と社長報告

急成長を続けるD社は、業界内で注目を集めている家具チェーンです。D社の経営企画スタッフとして中途入社したSは、現場を理解するために1か月間店舗で店長を経験させてもらうことにしました。

それまで家具業界の経験がなかったSは、業務を理解するだけではなく、現場の社員やアルバイトが抱えている悩みも理解することに努めました。店長としての業務も想像以上に大変なもので、アルバイトが突然休んだときには、代わりに深夜まで在庫整理に追われたこともたびたびありました。

Sは店舗で得た気づきを毎日レポートにして、社長に報告しました。店舗のPOSシステムの使い勝手が悪いこと、本部からの指示によって現場にかかっている負荷など、Sは現場目線であらゆる情報を社長に伝えしました。それまで現場の情報が直接上がってくることがなかったため、社長からは大いに感謝され、その報告を起点に社長直轄のプロジェクトがたくさん立ち上がりました。

機能不全に陥ったサプライチェーン

社長に気に入られたSは本部の経営企画部長に抜てきされました。店舗での経験から、特定の商品が常に欠品を起こしていることに気づいていたSは、欠品を起こしている理由を調査し始めました。その結果、あるサプライヤーからの納期遅れがたびたび原因となっていることが判明しました。

Sはそのサプライヤーとの怠慢な取引に終止符を打つため、次回納期遅れを起こしたら取引停止にする旨を通達しました。通達をした翌月にもかかわらず、そのサプライヤーは納期遅れを起こしたため、Sはしびれを切らして、そのサプライヤーとの取引を停止しました。

この出来事は家具業界で一気に広まり、Sの業界内での評判はガタ落ちしました。そして、多くのサプライヤーから取引停止の連絡が相次ぎ、D社はあらゆる商品の確保ができなくなってしまいました。

深く反省したSは、欠品を起こしていた商品についてさまざまな角度から調査を実施しました。その結果、その商品に使われている材料は確保が難しく、期初にD社が立てた計画をもとにサプライヤーが見込み発注していたことがわかりました。つまり、期中に追加発注をしたところでサプライヤー側ではどうにもならなかったのです。期中に欠品を起こしているのはサプライヤー側の問題ではなく、D社の需要予測精度に問題があったのです。

サプライヤーに謝罪に行って取引を再開してもらったSは、ため息とともにつぶやきました。

「現場をあれだけ重視していたつもりだったのに、現場のことを何1つわかっていなかった」

現場から見えるサンプルだけで問題を決めつけない

Sは三現主義を徹底して、常に学ぶ姿勢を崩しませんでした。多くの組織で、本部の現場感のなさが問題を引き起こしていることを考えると、店舗で店長経験を積むことを希望したSの判断は正しいものだったと言えます。

ではSの何が問題だったかというと、真の原因を特定できなかったことです。ある商品の欠品の原因はたしかにサプライヤーの納期遅れでしたが、サプライヤーが納期遅れを起こしている原因は、D社にありました。

ビジネスは多数のステークホルダーが連携することで成り立っています。自分が直接見た現場の問題を解決しようとすることで、他の部門や他社にしわ寄せがいっているかもしれません。いくら三現主義を徹底していても、現場で見えるサンプルで物事を判断することには危険が伴います。

事例10 工場視察では問題を見つけられなかった

毎月恒例の工場視察

E社は精密機器の製造を行っている中堅企業で、世界的にも高いシェアを誇っています。E社の品質管理部門のマネージャーとして配属されたKは、品質管理の精度向上を目指して毎月工場視察を行うことに決めました。Kは自分の目で現場の実作業を確認すること、そして現場の従業員との対話を重視しました。視察中は細部にまで注意を払い、従業員からのフィードバックを集め、現場の問題点を見つけることに努めていました。

何度も視察に行くことで工場の従業員との良好な関係性も構築し、いろいろな会話をしましたが、特に重大な問題は見つかりませんでした。実際、Kが担当してから製品の検査結果は安定していて、品質管理担当役員からも高い評価を得られました。

突然発生した検査結果の偽装問題

ある日、Kは突然の内部告発により、検査結果の偽装問題が発覚したことを知りました。Kは驚きと同時にショックを受けました。現場では、検査データが意図的に改ざんされ、不良品の出荷が繰り返されていたのです。この問題は、上層部から課される高い要求水準へのプレッシャーに耐えきれず、現場の従業員が不正行為に手を染めた結果でした。

E社が提供する製品の品質基準は業界内でも圧倒的に高いものでした。また、Kは工場での検査がプロセス通りに行われていることを視察によって確認していました。落胆したKは途方に暮れました。

「私も工場の従業員も職務を全うしていた。これ以上、私に何ができたのだろう？」

森と木の両方を見る

世界を代表するメーカーでの検査結果の偽装や食品の産地偽装まで、偽装問題には枚挙にいとまがありません。そして、偽装問題は現場での管理を徹底したところで、発生を完全に防ぐことは難しいものです。

E社のケースはどうだったのでしょうか? まず、業界内でも圧倒的に高い基準を設定していたようですが、そもそもその基準自体が適正だったかどうかの検証が必要です。今回のケースでは、不必要に高すぎる基準が現場に過度のプレッシャーを与えてしまい、偽装につながってしまいました。製品の安全性に鑑みたときに、現在の基準が適正かどうかの判断を客観的に実施することが必要です。

また、社内に閉じた検査の結果を過度に信頼することも避けるべきです。特定の部門や下請け企業に検査の責任を押し付けるのではなく、サプライチェーン全体で品質を向上させるために、複数企業が検査をすることも検討すべきでしょう。木ばかりに注目がいってしまいがちですが、森全体を見ることでより有効な打ち手を打てるようになります。

思考術

現場に寄り添いつつ、俯瞰して打ち手を考える

三現主義でよくある勘違い

- 現場で起きていることのすべての原因は現場にある
- 現場で見聞きしたことはすべて正しい

現場を直接変える現場改革は悪でしかない

現場に行くとたくさんの情報を得られます。工場のラインの不具合や老朽化したITシステム、評価制度に不満を持つ従業員や頼りにならないサプライヤーまで、多くの問題に直接触れられるでしょう。

そして、三現主義に則って現場に寄り添うと、現場の声が正しく聞こえてくるものです。現場、現物、現実は嘘をつきません。しかし、現場を直接変えようとする現場改革はたいてい失敗に終わります。なぜならば、それらの問題の多くは現場で生み出

されているわけではないからです。

家具メーカーのSは店舗で起きたことを社長に報告し続けたことに、そして、店長としての経験にもとづいて問題解決に当たったこと自体は間違っていません。問題は、現場から見えている範囲内で改革を起こそうとしたことにあります。本質的な問題解決をするためには、より俯瞰して問題を捉えて、問題を生み出している本当の原因を解決する必要があったのです。

マネージャーは俯瞰して現場を見ることに価値がある

2つ目の事例に登場したKも、現場に足を運んで情報を得ていました。しかしある日突然、偽装問題が発覚することになります。

この手の偽装問題の調査報告書には「現場の人たちは真面目な人たちばかりだった」や「プロセスには問題は発見されなかった」のような記載がされていることがよくあります。それにもかかわらず偽装問題は起きてしまいます。なぜかというと、真面目な人たちが限られたリソースの中でプロセスを遵守しようとするからです。現場から検査基準自体に問題提起することなど、なかなかできることではありません。

だからこそ、品質管理部門のマネージャーであるKには、品質基準自体が正しく設定されているか、品質検査を社内で実施するプロセス自体に問題はないのか、といった俯瞰した視点を持つ必要がありました。
三現主義を徹底しつつも、俯瞰した視点を持てれば、より根本的な問題に気づけたり、他の部門と連携して問題の解決をしたりすることもできます。

Training

思考のトレーニング

初めて海外事業部の担当になり、複数の拠点を回ったら、いろいろな人たちから全く違うことを言われてしまいました。それぞれに対処しなければいけないことはわかっているのですが、現場からのプレッシャーで押しつぶされそうです。

ヒント：現場を俯瞰する立場にあるマネージャーの仕事は、すべての具体的な問題を1つずつ解決することではありません。まずは、抽象化したときに問題の原因がどこにあるかを考えてみましょう。

↓
「思考のトレーニング」の解答例は216ページに記載

推論をもとに検証する「仮説思考」

判断に必要な情報をすべて集めることは不可能

本節では、仮説を立ててから情報収集して検証することで効率的に判断をするための仮説思考について解説します。

皆さんがビジネスにおける判断をするときには、どのように情報収集をしていますか？ 過去の事例を調べたり、ヒアリングや消費者調査を実施したりすることで、できるだけ精度の高い判断ができるように努めるのではないでしょうか？

例えば、100円の商品の価格を10円上げても顧客は離れないか、平均以下の評価をしても部下はモチベーションを落とさないか、重要な顧客との会食は和食にすべきかイタリアンにすべきかなど、私たちは日々大小さまざまな課題に直面しますが、誰もが納得できる判断をするために十分な情報を集めきることはできないでしょう。

ビジネスにおける判断に必要な情報をすべて集めることが不可能なのは、生身の人間を相手にしていて、競合も存在しているビジネスにおいては誰も未来の結果を100％正確には予測できないからです。

自社だけが提供している商品であれば100円から110円に値上げしても顧客は離れないかもしれません。しかしさらに、類似商品を競合が100円から90円に値下げしたら、一気に顧客離れが進むでしょう。

部下と良い関係が築けていると思っていても、評価をフィードバックしたときにたまたま部下が家庭内のトラブルを抱えていて、通常とは異なる反応をされるかもしれません。

また、情報を取得するには費用と時間がかかります。例えば、できるだけ消費者の情報を知りたいと消費者調査を実施しようと思ったら、数百万円をかけて数週間の時間を要することになります。

仮説思考による検証の効率化

費用と時間の制約があるビジネスにおいて、判断に十分な情報を得るために有効なのが仮説思考です。仮説を立ててから、それを検証するために必要な情報に焦点をあてて収集するため、より効率的に判断できます。

例えば、タイで500万円の自動車を販売するかどうかを判断することを想定してみましょう。タイで中古車販売会社を経営している友人に聞いたところ、主なターゲットとなりえるのはバンコク在住の年収が500万円以上の人たちで、それ以外の人たちには大して売れないという情報が得られたとします。

その友人の意見を仮説として検証を進める場合、バンコク在住で年収が500万円以上の人たちを対象に消費者調査を実施することが考えられます。そうすることで、バンコク在住ではない人たちや年収が500万円未満の人たちを調査対象から除外することができます。

友人の立てた仮説の精度が疑わしいのであれば、より多くの人たちにインタビューすることで仮説の精度を上げられます。あるいは、調査の範囲を低年収の人たちやバンコク以外の主要都市に広げることも一案です。

タイに詳しい友人が見つからない場合は、マレーシアやベトナムの状況を参考にすることもできます。また、昔の日本の状況を参考にして、経済発展に伴ってどのように自動車需要が拡大したかといった情報も参考になるでしょう。

ほかにも身近な事例として、顧客との会食を設定することを想定してみましょう。いくら相手の好みに合ったお店を設定したいからといって、顧客にお店の候補を20か所送って、その中から選んでもらうのは相手にとって大きな負担となります。

それよりも、大まかに顧客の料理の好みや苦手な食材、居住地や年齢などを聞いてから、お店の選定をしたほうが喜んでもらえるはずです。もし不安であれば、お店の候補2、3か所を顧客に送って選んでもらっても良いでしょう。もちろん、そのようにして選んだお店も仮説の域は出ませんが、できるだけ相手からの情報を得たほうが仮説の精度を高めることができます。

仮説思考は抽象度の高い思考

マネージャーになると、社内外でさまざまな判断を求められることが増えます。そして、不確実な未来の判断をする以上、その判断をするのに十分な情報が完璧にそろうことはありません。

図 2-4　仮説思考をすることで効率化できる

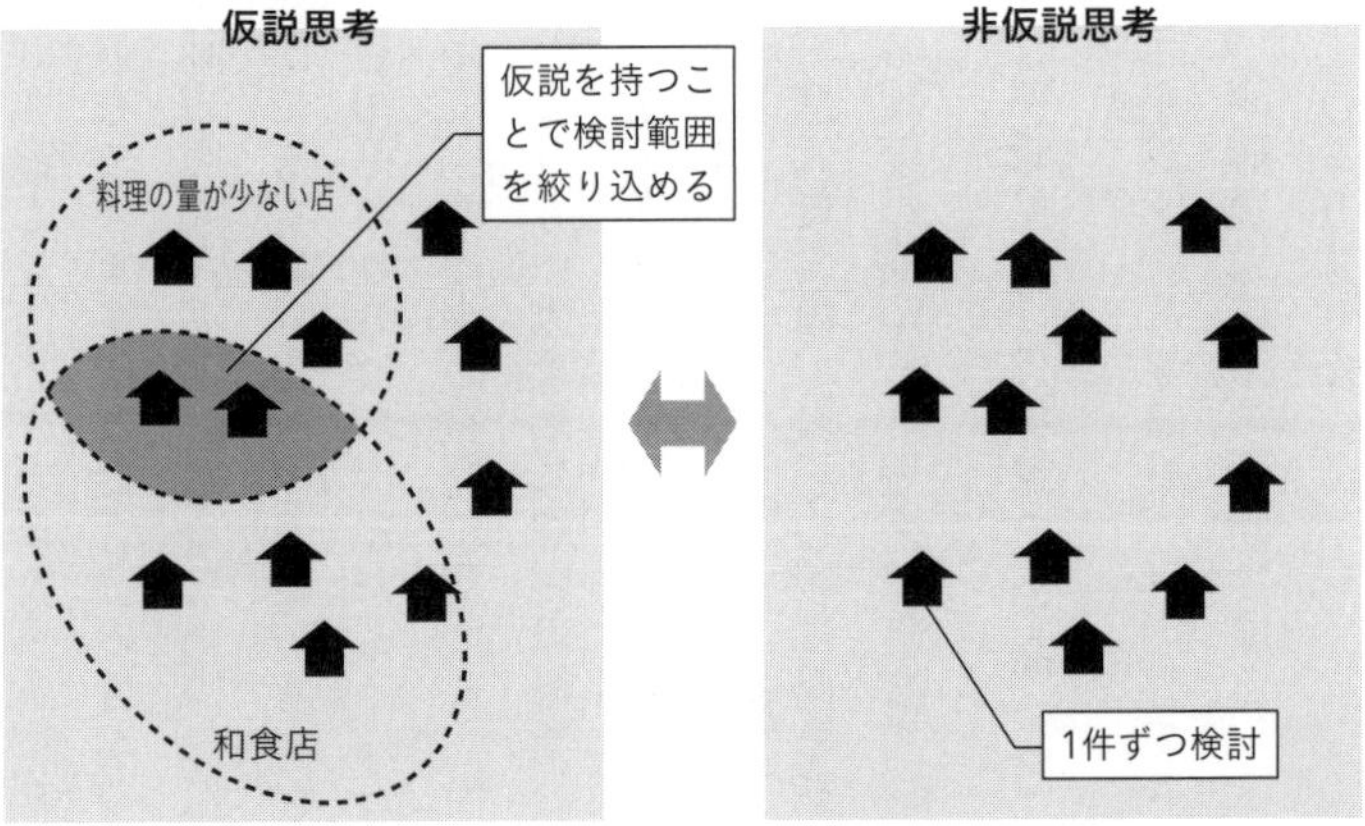

2つの事例で見てきたように、仮説思考をすることで不足する情報を補い、効率的に判断できるようになります。そして、仮説思考とは図2－4のように抽象化と具体化をすることにほかなりません。

例えば、前述の会食の相手が、初めて一緒に食事をする年配の人だったらどのようにお店の選定をするでしょうか？過去何度か年配の人と食事をしたときに、フルコース料理のお店を選んだら食べきれなかったことを思い出し、料理の量が少ないお店のほうが良いのではないかと考えたとします。

また、その人がインド駐在から久しぶりに帰国するという情報も入手していたので、インドでは日本の食材が手に入りづらいのではないかと考え、和食のお店を選定したとします。

最終的にお店を選定するまでに、会食の相手を「年配」で「新興国在住」と抽象化してカテゴリ分けしたうえで、自分なりの仮説を立てていることがわかるでしょう。そのうえで、小皿メインの和食のお店を具体的に探索しています。

もちろん大食漢の年配の人もいますし、新興国でも日本の食材を手に入れることができる地域もあるでしょう。したがって、最終的に選んだお店を喜んでもらえるかどうかは、最後までわかりません。

それでも、限られた時間と情報の中でさまざまな判断をしなければいけないマネージャーにとっては、仮説思考は強力な武器となります。

事例11

プレイヤー時代の経験をもとに問題を指摘してしまった

対面での顧客との関係構築

F社は食品メーカー向けの機器を販売する中堅の専門商社で、国内でトップシェアを誇っています。Yは新人時代に営業を5年ほど経験してから本部で商品企画を担当し、15年ぶりに営業マネージャーとして営業部門に戻ってきました。

営業担当時代のYは顧客先に頻繁に足を運び、顧客との良好な関係を築くことを信条としていました。人懐っこく温厚な人柄も助けとなり、Yは次々と顧客を増やすことに成功し、社内でも何度か営業成績優秀者として表彰されました。当時のYは手書きの手紙をしたためたり、顧客の社内イベントにも参加したりと、かなり泥臭い営業活動をしていました。

社内でも信頼の厚いYは、営業マネージャーとして着任早々多くのメンバーから相談を受けることになりました。Yは親身に話を聞いては、昔の営業担当者としての成功体験をもとにアドバイスをしました。

また、常時社内に多くの営業担当者が残っている状態も、Yの常識からすると考えられないものでした。Yが営業を始めた20年前の常識では、社内に残っているのは営業をしていないも同然で、Y自身も常に顧客先に足を運んでは新製品の情報を提供していたものです。

F社の業績は決して悪いものではありませんでしたが、売上成長が鈍化していることは経営陣も問題視していました。Yは営業のやり方に問題があると考え、対面で顧客に会うことを営業担当者たちに推奨しました。そして、Yを信頼している営業担当者たちも快くそれに従いました。

下がり続ける営業効率

Yの提案した営業手法は多くの営業担当者に受け入れられ、日中社内に残っている営業担当者はほとんどいなくなりました。

そんなある日、Yは人事部長から呼び出され、次のように言われました。

「Yさんの部門は残業時間が増え続けていて問題になっています。改善に向けて至急対応してもらえませんか？」

たしかに日中の外出が増えたことによって、営業担当者の多くは夕方会社に戻ってから事務処理をしていることはYも認識していました。事務処理が営業活動の妨げになっては良くないと思い、Yは事務処理をサポートする派遣社員を3名増員することにしました。

残業時間の問題も解消され、後は売上の増加を待つばかりになったYを待っていたのは驚くべき事実でした。なんと、それまで微増を続けていた売上が、Yが着任したタイミングから下降の一途をたどっていたのです。見込み顧客のパイプラインも大きく減少しており、この先はさらに状況が悪化することが見込まれていました。「対面での営業活動を増やしたのに、なぜ売上が下がっているんだ」とYは頭を抱えました。

仮説思考をするための前提を正しく把握する

Yは売上が停滞している原因として、顧客に対面で会っていない営業担当者が多くいることを問題視しました。その洞察自体はYの営業時代の経験からして、自然なものでしょう。Yの問題は、20年前と現在置かれた環境の違いを正しく把握していなかったことです。

図 2-5　20年前と現在の営業の違い

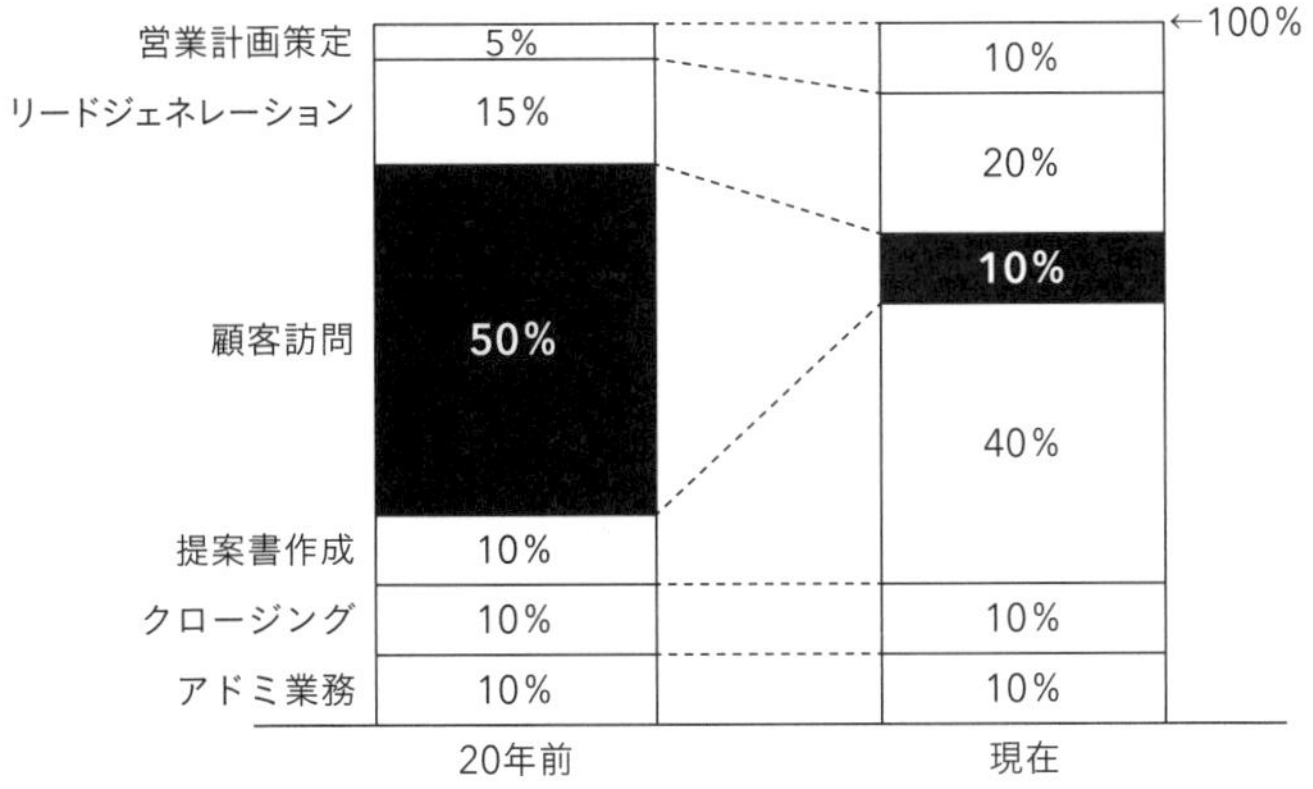

図2－5に示したように、20年前と現在とでは営業担当者の時間配分が大きく変わっています。対面で顧客に会うよりも、社内で提案書を作成している時間が増えたことは一目瞭然です。そうした中で外回りの時間が追加されたことにより、提案書作成のために残業が増えたり、作成にあてられる時間が減ったことによる提案の質の低下が起きても不思議ではありません。

次に図2－6では、顧客から見た営業担当者による付加価値の構成比を表しています。過去にはプリセールスで得られる業界動向や新製品の情報に付加価値を感じていましたが、現在はそれらの情報にはあまり付加価値がないことがわかりま

図 2-6　顧客が感じる付加価値構造の変化

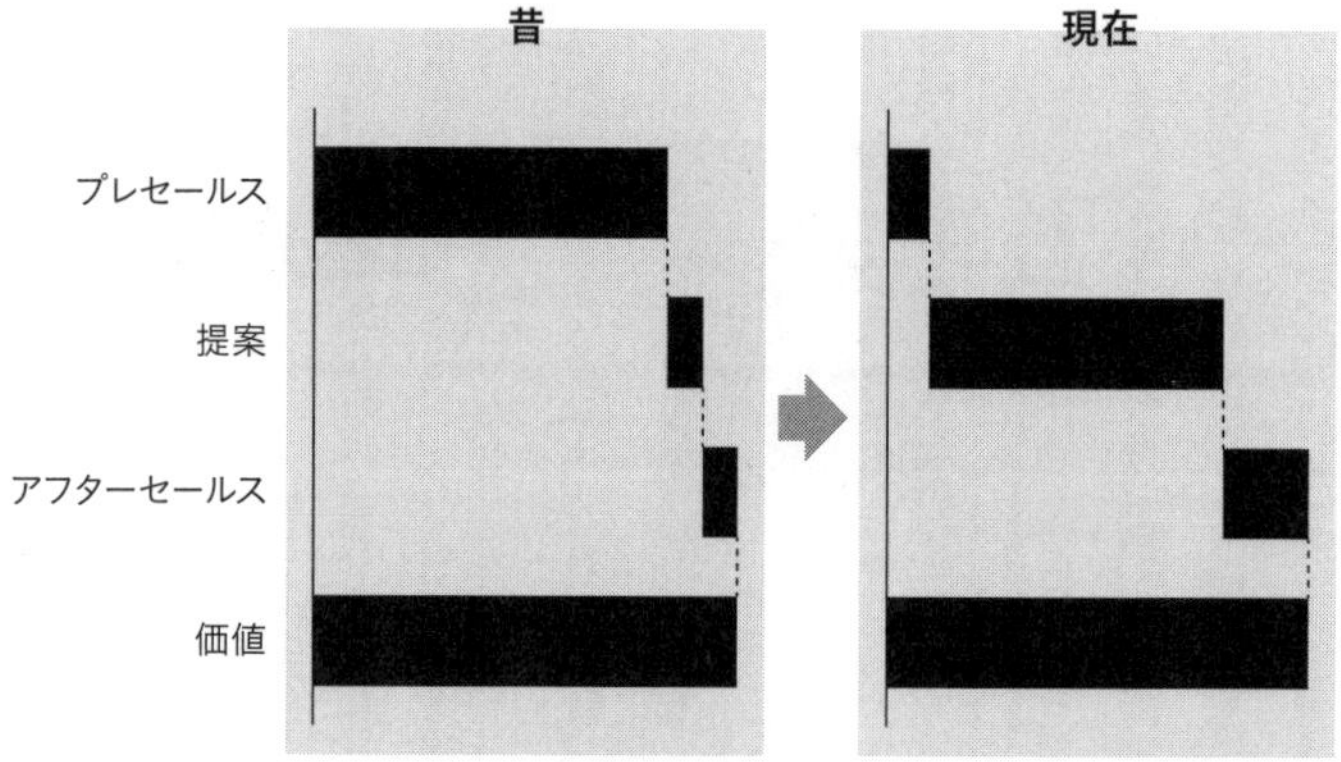

す。顧客が営業担当者に求めているものは、インターネットからでも得られる情報ではなく、より具体的な解決策なのです。

仮説を立てるときには経験による思い込みではなく、前提を正しく把握するようにしましょう。

事例12　社長の自社評価をうのみにしてしまった

都市部で拡大するDIY需要

G社は全国でも有数の建材メーカーですが、国内での新設住宅着工戸数が減少したことに伴い、売上が伸び悩んでいます。社長からの信頼が厚い経営企画部長のEは、ある日社長に呼び出されました。2代目となる現社長はアイデアマンで、過去には住宅メーカーと共同で建築効率が飛躍的に高まる建材を開発したこともあります。

Eが社長室に到着すると、社長から次のように言われました。

「わが社の売上が伸び悩んでいるのは、伸び続けるDIY需要に応えられていないからだと思う。先日都内のホームセンターを訪問して聞いてみたところ、DIY関連商品が爆発的に売れているそうだ。わが社でもDIY商材を開発して、需要を取り込んでいきたい」

「わかりました。今年度の売上に貢献できるよう、すぐに開発に取りかかります」

社長はこれまでにも独自のアイデアで会社を窮地から救ってきたため、Eは全く疑うことなく、DIY商材の開発に取りかかりました。マーケティング部門にも確認したところ、都内でのDIY需要は拡大を続けていて、これから先も拡大することが見込まれていることがわかりました。

Eは都内のホームセンターにたびたび足を運んでは、顧客ニーズに関するヒアリングを繰り返しました。商品開発部とも連携して、3か月後には競合他社の商品とは差別化したDIY商材の開発に成功しました。社長も大喜びで、発売直前には開発にかかわったメンバーを集めて決起集会も開催されました。

減り続ける全社売上

ＤＩＹ商材は順調な滑り出しで、都内のホームセンターでは飛ぶように売れました。発売直後に民放の情報番組で取り上げられたことも、奏功したようです。

発売から数か月が経過したある日、Ｅは社長に呼び出されました。

「Ｅが開発してくれたＤＩＹ商材が都内で売れているのに、全社売上が減っている。原因を調査してくれないか？」

Ｅが最新の売上情報を取得したところ、たしかにＤＩＹ商材を発売してから全社売上が減少していることがわかりました。より詳細な売上分析をしたところ、東京都の売上は伸びていましたが、一方で特に地方都市での落ち込みが激しいという結果が出ました。

「あれだけ顧客にヒアリングしてつくった商材だったのになぜ？」とＥは首をかしげました。

見落としている情報がないかを考える

Ｅは社長に言われたとおりに都内のホームセンターで高い需要が見込まれたＤＩＹ

図 2-7　地方のDIY需要は高くない

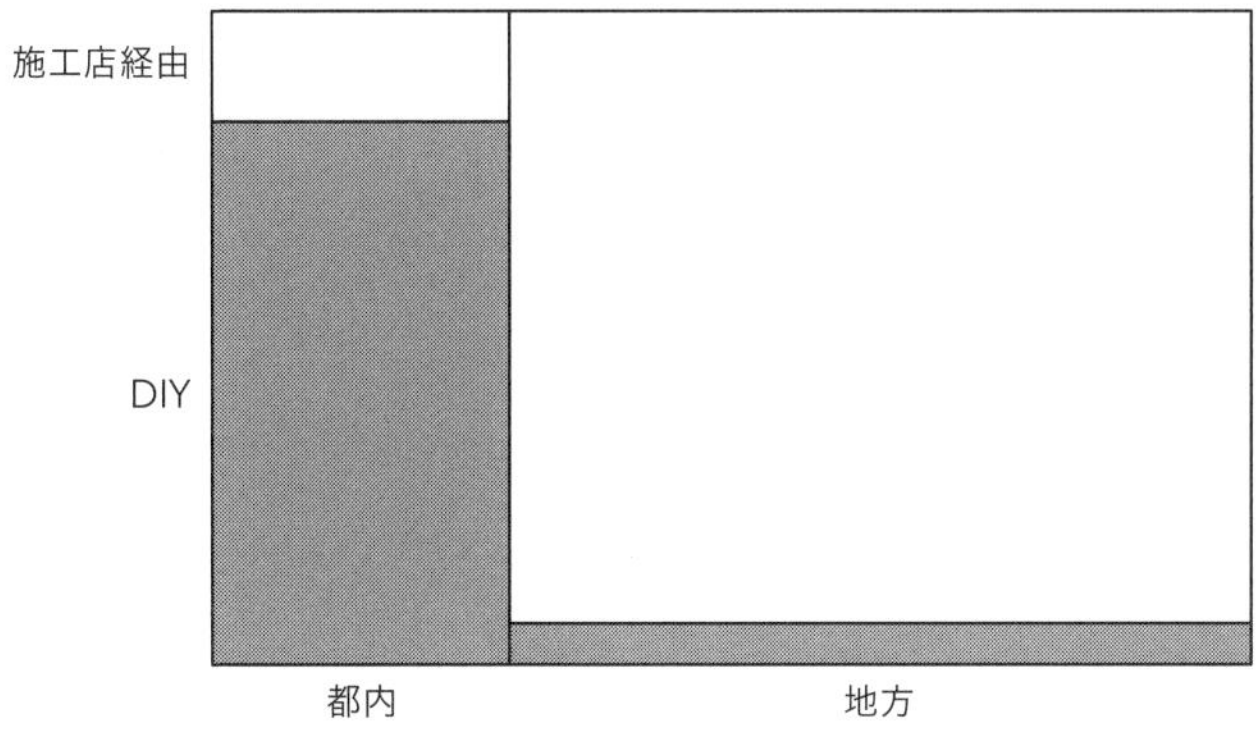

商材を開発しました。また、Eは独自にもホームセンターでの調査を実施して、需要の確実性の検証もしています。ここまでは良かったのですが、Eは全国区での調査をしていませんでした。

図2－7は都内と地方の市場規模を示した面積図です。都内ではDIYの市場規模が大きいものの、地方では施工店経由での販売がほとんどで、DIYの市場は極めて小さいことがわかります。

Eのような失敗はよくあるもので、私たちは見たい情報ばかり見てしまい、実は大切な情報を見落としてしまいがちです。例えば、国内に注力した結果、海外での成長を取り込めなかったことはないでしょうか？あるいは、若年層の流行ばかり追いかけてしまった結果、自社の大事な顧客基盤である中年層をないがしろにしてしまったことはないでしょうか？

仮説を立てるときには、無意識に見落としている情報がないかをよく検証しましょう。

思考術

俯瞰してから仮説を立てる

仮説思考でよくある勘違い

- 仮説を立てて検証すれば、現場の変化に気づける
- 仮説を立ててから検証すれば、漏れなく検証できる

マネージャーに見える範囲、見えない範囲

F社の事例でYは、自分のプレイヤー時代の経験をもとに仮説を立てて失敗してしまいました。Yが現場を見て、自分の常識が通用しないことを理解していれば防げた

図 2-8　マネージャーと現場の見えている範囲は異なる

	現場に見えている	現場に見えていない
マネージャーに見えている	①	③
マネージャーに見えていない	②	④

問題です。

　これを図2―8で整理すると、②のマネージャーに見えていなくて、現場に見えている世界で問題が起きています。限られた範囲しか見ていない現場の人たちは、本来俯瞰して広い範囲を見ているはずのマネージャーの意見を正しいものと思ってしまうことがあります。Yのように過去に営業成績優秀者として表彰されていたり、部下に信頼されていたりするとなおさらでしょう。

　G社の事例でEは、都心の狭い範囲だけを見ていて、地方を分析の対象に含めていませんでした。また、それぞれの持ち場のある現場からは全国を俯瞰して見ることもできないので、問題は④の世界で起きていると言えます。これは最悪のケースで、見落としている情報があることに誰も気づいていない状態なので、社長やEの暴走は組織内の誰にも止められません。

現場の担当者にはそれぞれの担当領域があるため、現場の改善はできてもイノベーションを生むことは構造上難しいと言えます。一方で、全体を俯瞰して見ているマネージャーは本来イノベーションを起こすことが可能な立場にいますが、その実現には見えていない世界を最小限にとどめる努力が必要不可欠となります。

仮説思考をするときに無意識を捨象しないための工夫

いずれの事例でも問題が起きたのはマネージャーが見えていない②か④の世界で仮説を立てているときです。なぜ見えていない世界が生まれるのかというと、バイアスが存在しているからです。Yの場合には自身のプレイヤー時代の成功体験からバイアスが生まれ、Eの場合には実績があるからと社長の意見に従った結果バイアスが生まれてしまいました。

バイアスをなくすためには、目的を一段階抽象化することが重要です。例えば、図2－9のようにYの事例を整理してみると、顧客に対面で会う時間を増やすことは手段であり、目的ではないことがわかります。本来の目的である売上を増やすことを考

図 2-9　目的と手段を混同しない

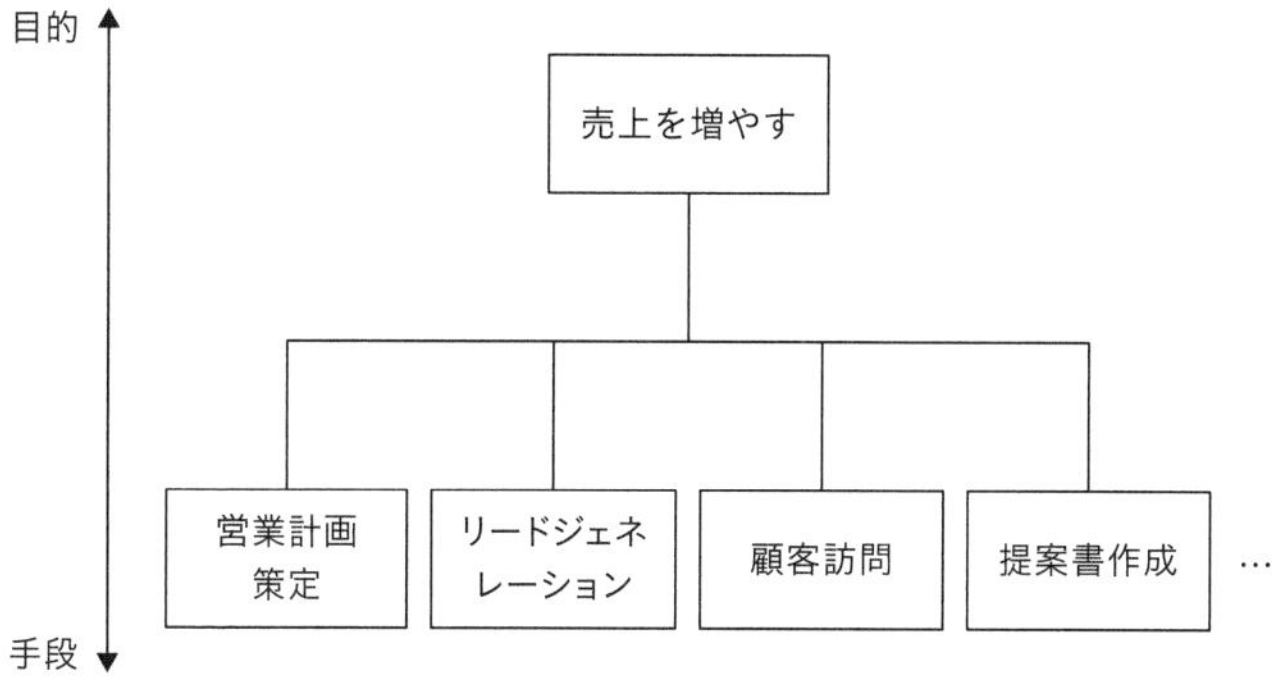

えれば、漏れている仮説に気づけます。

Ｅの場合でも、全社の売上を伸ばすことを意識していれば、社長の言葉だけを真に受けず、より広範な仮説を立てて全国的な消費者ニーズの調査ができたはずです。マネージャーはできるだけ俯瞰して、できるだけ広い範囲で物事を観察することを意識しましょう。

思考のトレーニング

Training

これまで本社の管理部門勤務だったのですが、現場経験のない店舗管理をする部署のマネージャーを任されることになり、全く仮説が立てられず困っています。こんなとき、あなたならどうしますか？

ヒント：どうすればマネージャーが仮説を立てるうえで必要な具体的な現場感を身につけることができるか考えてみましょう。

↓
「思考のトレーニング」の解答例は217ページに記載

第2章のまとめ ～問題を発見する～

数値化・言語化

- ☑ マネージャーは、見えない現場の状況を「数値化・言語化」を通じて把握し、的確な判断と対応をしなければならない
- ☑ 言語や数値というのは抽象度が高い情報であることを理解したうえで、目的に応じた抽象度と頻度で取得すべき情報を設計し、不要な情報は省くことが重要

三現主義

- ☑ 現場を直接観察して現実を認識する「三現主義」は、現場感を持った情報の解釈を可能とし、より的確な判断と問題解決を実現する
- ☑ 現場の問題に直接対応しようとすると全体像を見失い、根本的な解決に至らないことがあるため、現場で高い解像度で情報収集しながらも俯瞰的な視点を保ち、真因を捉えることが重要

仮説思考

- ☑ マネージャーが限られた時間と情報の中で効率的に判断するためには、まず仮説を立てて必要な情報に焦点を絞り検証する「仮説思考」が有効
- ☑ 自身の経験やバイアスにもとづいた仮説に頼りすぎると判断を誤るため、判断軸を明確にし、目的を抽象化して広い視点で検証することが重要

第3章

解決策を考える

瞬発的にチームを動かす「即断即決」

マネージャーは多数の判断をしなければならない

現場からの相談を受ける立場にあるマネージャーは、毎日多くの判断をしなければなりません。顧客からクレームを受けた、他部門から無理な要求をされた、現場のメンバー間でトラブルが起きたなど、チームの大きさや職種にもよりますが、チームの活動が活発であればあるほど、多くの判断を迫られることになるでしょう。

もちろん、現場に権限委譲をすることも大切ですが、マネージャーに与えられた権限内で適切な判断をして実行していくことは、チーム運営における基本とも言えます。新人マネージャーの多くは、日々現場から上がってくる問題の数に圧倒されてしまうこともあるでしょう。

即断即決によってチームのスピード感が上がる

チームの運営を任されている立場のマネージャーがすぐに判断をしないと、チームの活動が停滞することになります。上司の判断に時間がかかった結果、提案書の提出が遅れて失注をしてしまったり、社内のトラブルに対する対応が遅れてメンバーが辞めてしまったりしたような経験は、皆さんにもないでしょうか？

たしかに、マネージャーが即断即決をすれば、チームはすぐに動き出せます。限られた情報の中で、次々と的確な判断をできれば、チームの活動スピードは格段に上がることになります。

ボトムアップ型の組織ではマネージャーの決定が大きな意味を持つ

多くのボトムアップ型の日本の組織においては、あらゆるレイヤーで意思決定がなされるという特徴があります。皆さんの会社でも課長の判断を部長に上げて、それをさらに本部長、役員に上げて判断を仰ぐ流れが仕組み化されているのではないでしょうか。トップダウンで社長が意思決定をして、現場がそれに従う体制である米国の組織とは対照的です。

この特徴自体は非難されるべきものではなく、意思決定のスタイルの違いです。米国の組織はモジュール化されていて、組織内の各メンバーのジョブディスクリプション（職務記述書）が明確に定義されています。そのような組織では、社長による意思決定を実行するスピードは速いですが、現場があまり考えないという特徴があります。また、組織やメンバーの業務領域が明確に定義されているため、どちらにも属さない仕事が抜け落ちることもあります。

それに対して日本の組織では、ボトムアップで各レイヤーのトップが十分な検証をしているため、より精度の高い意思決定ができているとも言えます。その代わり、判断が求められるマネージャーの重要性も高まります。

| 事例13 |

現場の声をすぐに実行したのに業績が悪化した

古くなった会社のロゴの刷新

H社は地方都市発祥のコーヒーチェーンで、現在特定の地域内で30店舗を展開しています。昭和の高度成長期にモーニングを始めたことで多くのビジネスパーソンに支持され、利用され続けてきました。

H社が高いシェアを誇っていたことから、日本全国に展開する米国のコーヒーチェーンも、これまでその地域への進出をためらっていました。しかし、ついにその米国のコーヒーチェーンが新店舗をオープンするという業界内のうわさが聞こえてきました。そうなると、ここ数年間売上が伸び悩んでいるH社にとってはたまったものではありません。

H社は社長直轄の対策本部をつくり、最近入社した有名な外資系コンサルティング会社出身のKをマネージャーに任命しました。Kは顧客や競合、自社の状況を調査し、その結果をレポートにまとめました。Kが特に注目したのは、多くの現場の若手社員が古くなった会社のロゴを問題視している点です。たしかに半世紀ほど前にデザインされたロゴは古めかしく、進出がうわさされている米国のコーヒーチェーンのものと比べると見劣りしているように感じました。

Kはすぐに有名デザイナーと連携して、ロゴの刷新に取りかかることにしました。Kはデータでの裏づけを取るために、多数の消費者インタビューを実施してから、新しいデザインを決定しました。

入社から1か月足らずで現場の声をもとにロゴの刷新を提案し、デザインにまで落とし込んだKの働きぶりを社長も高く評価し、Kの提案そのままにロゴの刷新を承認しました。Kは他のブランディング施策の検討にも入り、プロジェクトは順調に進んでいるかのように見えました。

離れていったリピート顧客

ロゴの刷新をしてから1か月ほど経ったある日のことです。他の施策の検討も佳境に入っているKに、メンバーから予期せぬ情報が舞い込んできました。

「前月の実績で、30店舗のうち25店舗で昨年対比最大80％まで売上が落ち込んでいます。まだ競合店もオープンしていないのに異常な事態です」

Kはすぐに全店舗の売上データを分析して、現場でのヒアリングも実施しました。その結果、ロゴの刷新以降、それまであまり見ることのなかった若い女性層が店舗に訪れていたことがわかりました。一方で、それまで毎日のように来ていた中年のビジネスパーソンの多くが店舗にこなくなっていたのです。

Kは店長らの助けも借りて、店舗にこなくなった中年のビジネスパーソンにインタビューできました。その人たちが口々に言っていたのは次のようなものでした。

「新入社員のときから何十年もH社にはお世話になっていたけど、なんだかお店の雰囲気が変わってしまって、足が遠のいてしまった」

問題の重要度と緊急度を整理する

事業を運営しているとたくさんの問題が日々発生します。そして、現場を任されているマネージャーは、それらに対する解決策を考えて実行することが求められます。

H社に入社したKは、十分な調査をしたうえでロゴの刷新をしましたが、結果として長年チェーンを支えてきた大切なリピート顧客を失うことになってしまいました。

Kの判断の何が問題だったのかを考えてみましょう。

図 3-1　施策の優先順位づけ

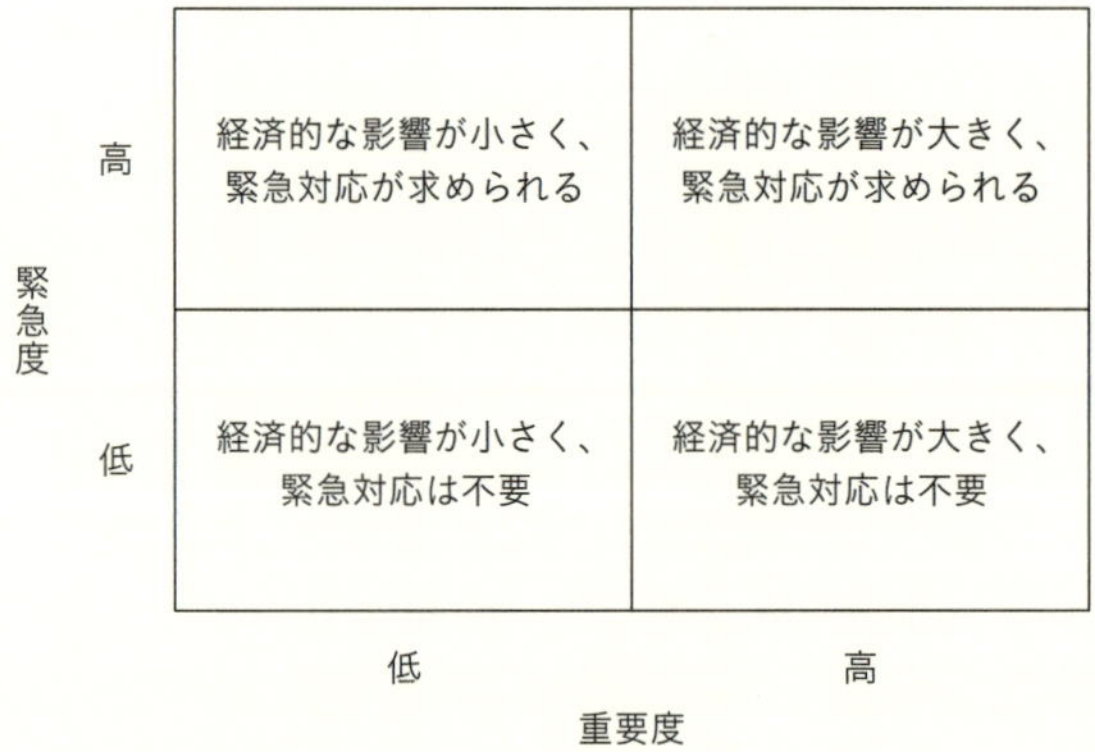

まず、問題を発見したら、それらに優先順位をつけることが重要です。そして、優先順位には図3－1のように重要度と緊急度があります。

重要度とは、ある問題によって生じている、あるいは生じることが予測される経済的な影響を指します。定量化しやすい重要度に関して組織内で合意をすることは、比較的容易だと言えます。

一方で、緊急度はそれぞれが置かれた立場によって異なるため、組織内で合意をすることが極めて難しいと言えます。間違えてもやり直しがきく施策であれば一度試してみることもできますが、影響範囲が広く不可逆性のあるロゴの刷新や人事制度の刷新、資本政策の見直しなどは、拙速に進めると取り返しがつかなくなります。ロゴを刷新して離れたリピート顧客にもう一度戻ってきてもらうのは容易ではありません。もう一度古いロゴに戻したら、今度は新たに獲得した若い女性顧客を失うことにもなりかねません。

今回のKの判断については、即断即決で現場の意見をうのみにし緊急度を見誤った結果、優先順位の設定が間違ってしまったと言えます。置かれた立場によって変わってくる緊急度は、全体を俯瞰できる立場にいるマネージャーが慎重に検討する必要があります。

事例14 新たなツールを次々に導入したら離職率が上昇した

次々に導入したリモートワーク支援ツール

I社は経理業務のアウトソーシングサービスを提供するスタートアップで、世界中どこにいても在宅で勤務できるということで一気に注目を集めました。コロナ禍でリモートワークが一般的になったことから、大企業に勤務する人でも就業時間外に副業としてI社に登録できるようになったことも追い風になりました。急成長したI社は、社内の仕組みを整備することがないまま、従業員数が急増しました。

I社の人事部門マネージャーのSは、生産性の低下が全社的な問題となっていたことを受けて、さまざまな施策の導入を検討しました。Sは現場の意見を可能な限り集約しようと、オンラインでできるだけ多くの改善案を集めました。Sが実際に現場の意見をもとに導入したのは以下のようなリモートワーク支援ツールです。

- 社内チャットルーム
- 従業員別生産性評価ツール
- バーチャルクラブ活動プラットフォーム
- タスク管理ツール

現場の意見を参考にしただけに、多くのメンバーから好評を博しました。Sは現場に感謝されたことで喜び、さらに多くのツール導入に取り組みました。

予期せぬ離職率の上昇

Sがさまざまなツールの導入に取り組み始めてから3か月ほど経ったある日のことです。人事部門の上司が慌ててSに詰め寄ってきました。

「全社の離職率がここ数か月で急上昇している。生産性がかなり低下して、残業時間が急増していることが背景にあるようだ」

Sは現場の声を聞いて、問題解決のためにさまざまなツールの導入を進めました。生産性が上がることを目指していたのに、まさかメンバーを退職に追い込むほどに残業時間を増やしてしまったとは夢にも思いませんでした。

Sが退職する予定の従業員にヒアリングしてみたところ、以下のような声を聞けました。

「複数のコミュニケーションツールが導入されて個別には便利になったが、どれを使えばいいのかがわからないことも増えた」

「システム同士の連携がうまくいっておらず、同じデータを2回入力しなければいけないことがあった」

「年配の社員が新しいツールについていけず困っていたので、何度か有志で勉強会を開催した」

根本原因を考える

Sは生産性が下がっている原因を現場に聞いて、現場から提案されたツールをできるだけ多く導入することで現場を支援しようとしました。現場に原因を探しに行く姿勢は間違っていませんが、マネージャーは現場で聞いた情報をもとにして根本原因を考えなければいけません。

I社の場合には一気に従業員が増えたことで、属人的に進めていた業務フローが限界を迎えていたのかもしれません。その場合、多数の業務支援ツールを導入しても根本的な解決には至らず、かえって現場を混乱させてしまうことになります。それよりも、複数部門の業務を分析して、無駄な業務を排除したうえで標準化を進めることが重要になります。こうした発想は、全体のフローが見えないので現場からは上がってきません。

一般的に現場から上がってくる案は一見正しそうに見えるものが多く、ツールはすぐに導入できるものが増えています。しかし、安易なツール導入は、現場を混乱させてしまうことを肝に銘じましょう。

思考術

根本原因から一般解を考える

即断即決でよくある勘違い

- マネージャーは現場のあらゆる問題に対して即断即決すべき
- 即断即決を繰り返すことで大きなことが成し遂げられる

抽象化して一般解を考える

現場を直接見ていないマネージャーに求められている、問題解決における役割とは何でしょうか？　それは、個別事象を直接解決するのではなく、一度抽象化して根本原因を探り、一般解を考えるというものです。

現場ではさまざまな問題が日々発生します。それに対し、I社のように、現場からさまざまな提案も上がってくることでしょう。その問題や提案を放置していると、現場からはダメなマネージャーと烙印を押されてしまいます。だからといって、現場と

図 3-2　一般解と固有解

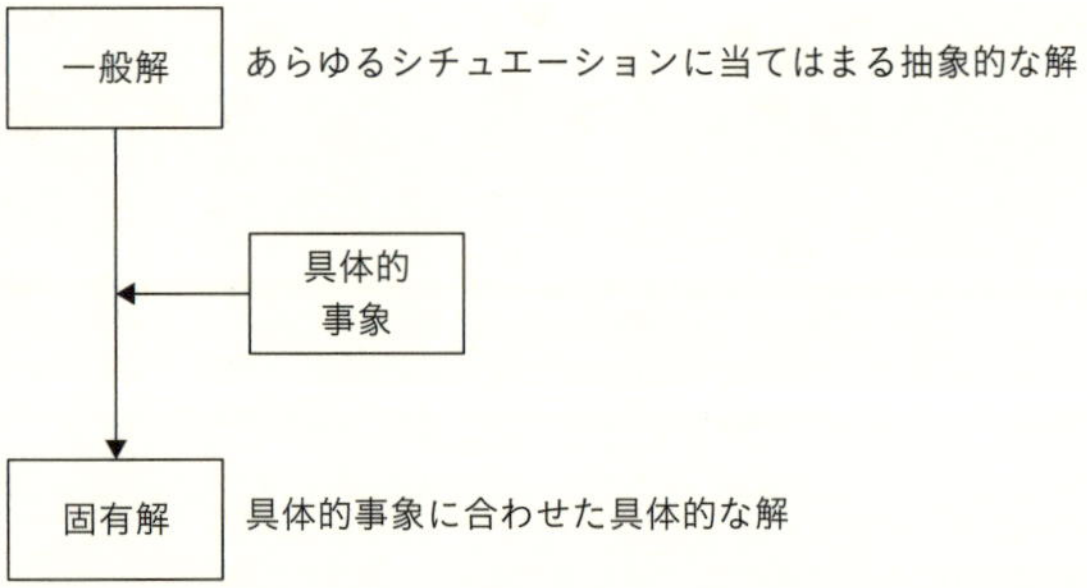

同じ目線で考えて即断即決をしていては、間違った解決策を実行してしまうことになります。

マネージャーにとって大切なのは、図3－2のように抽象化して一般解を考えることです。**現場を俯瞰できる立場にいるマネージャーは、本当に解決すべき問題は何なのかを見極め、そのうえで一般解を考える必要があります。**

個別案件処理ばかりしていたら危険信号

もし皆さんが、日々あらゆる会議で山のような数の個別案件を処理し続けていたら、それはマネージャーが考えるべき真の問題に集中できていないことを意味しています。

図 3-3　マネージャーはより重要な問題に集中すべき

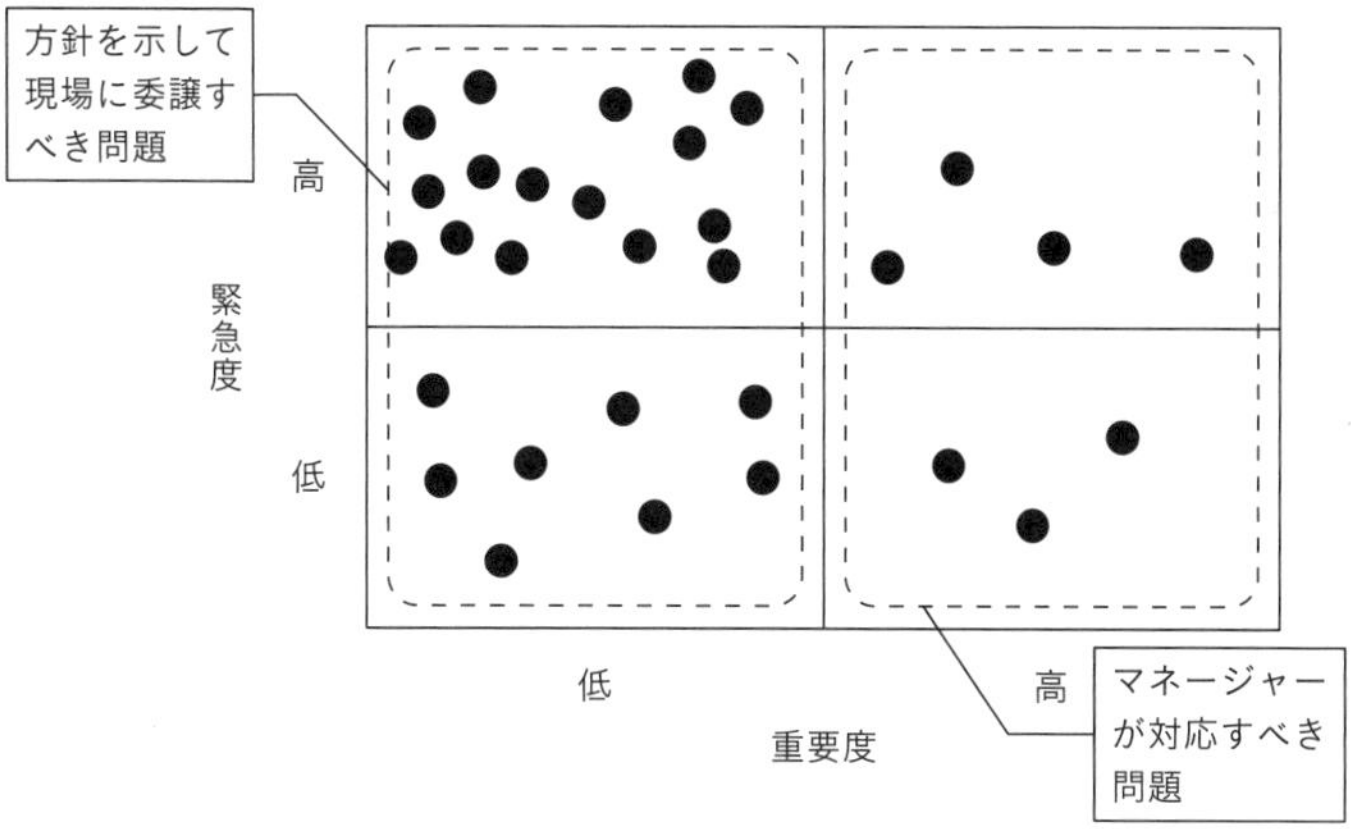

改めて図3―3で整理してみると、緊急度が高く、重要度が低い問題はいくらでもあります。現場のメンバーに聞けば聞くほど、些細な問題が噴出してくることでしょう。II社のKもI社のSも現場の声をできるだけ実現しようとした結果、より大きな問題を生み出してしまいました。

マネージャーである皆さんは、まず視点を高く持ったうえで緊急度を見極めましょう。**緊急度が高く重要度が低い問題は方針を示したうえでできるだけ現場に委譲することでチームとしての即断即決力を上げ、マネージャーは重要度が高い問題に集中しましょう。**

Training

思考のトレーニング

マネージャーに昇格したら、30人のチームを担当することになりました。毎日現場からたくさんの相談を受けていて、重要な案件に手が回りません。こんなとき、あなたならどうしますか？

ヒント：マネージャーの仕事は、個別具体的なすべての問題に直接対応することではありません。どうすれば重要な案件を処理するために時間を確保できるか考えてみましょう。

↓

「思考のトレーニング」の解答例は２１８ページに記載

8 アジャイル化

メンバーに権限を与えて試行を繰り返す「アジャイル化」

マネージャーがすべての判断にかかわることはできない

前節でも解説したように、マネージャーがすべての判断にかかわることは現実的ではありません。もし重要度が低い問題にもマネージャーが対処していたら、多くの業務が止まってしまうことでしょう。

また、現代はデジタル革命の影響により少人数で実現できることが増えています。

例えば、自社をＰＲするための動画を制作して、日本全国に配信することを考えてみましょう。30年前だったら、広告代理店に依頼してCMを制作し、テレビで配信する必要がありましたが、現在ではスマホで撮影した動画を自分で編集して、ユーチューブなどで配信できます。企業がXやインスタグラムのようなSNSを使って情報を発信することも一般的になっています。これらの投稿のすべてをマネージャーが都度承認していたら、リアルタイムな配信は難しくなるでしょう。

業務システムをノーコードで開発することも一般的になっています。細かい業務変更のたびにITベンダーから見積もりをもらわなくても、自社でシステムを改修できます。大幅な業務変更であればマネージャーが承認すべきかもしれませんが、細かな仕様変更は現場に任せたほうがタイムリーかつ高精度な変更ができるでしょう。

アジャイル化による現場への権限委譲

アジャイル開発とは、ソフトウェア開発やプロジェクト管理において、柔軟で迅速な対応を実現するための方法論を導入するプロセスです。アジャイル開発は、日本企業の製品開発プロセスの研究をもとに野中郁次郎氏と竹内弘高氏が1986年に発表した「The New New Product Development Game」(Harvard Business Review)という論文がもとになっています。

従来のウォーターフォール型開発は、各工程を順番に完了していく直線的な手法であるのに対し、アジャイル開発は短期間の反復的なサイクル（スプリント）を用いて段階的に製品を完成させます。これにより、開発過程での変更要求や問題発生に迅速に対応できるため、顧客のニーズや市場の変化に適応しやすくなります。

このアジャイル開発手法をソフトウェア開発のみならず多くの業務に生かせれば、現場へのスムーズな権限委譲も実現し、組織全体としての柔軟性や俊敏性を高めることができます。

アジャイル化によって現場感を直接生かせる

アジャイル化によって現場が自律的に判断することで、現場で得た情報や感じたことをサービスや業務に直接反映させることができるようになります。

例えば、スマホアプリを開発している会社であれば、ユーザーからのニーズにすぐに応えることができます。また、アプリをリリースした後に不具合があれば、それらにもすぐに対処できます。

業務プロセスについても、業務に直接関与しているメンバーが自らの判断で変更することができれば、より迅速に不具合に対応したり、効率化したりすることができるでしょう。

事例15

各部門の個別ニーズに合った機能を開発したが、全社としての統一感が失われた

現場のニーズを取り入れるためのアジャイルな開発手法の導入

J社は全国展開する小売チェーンで、自社で多くの生活用品を企画しています。これまでは同じ業態を直営店のみで展開していたのですが、より多様なニーズに対応するために、新たにキオスク型の小規模店を駅ナカで展開することにしました。

これまでの業務システムは老朽化していて、複数の業態に展開するための拡張も難しいことがわかったため、新たな業務システムを構築することになりました。5つの部門から集められたメンバーによるクロスファンクショナルなチームが組成され、ITシステム部門のEがリーダーに選ばれました。

社長の強い意向で、今回の業務システム刷新に際しては外部ベンダーによる支援の下、現場でアジャイルに開発することになりました。社長からは、現場のニーズに合

わせて、自律的に考えてシステムを構築するようにとのお達しがありました。

それを受け、Eは5部門から集まったそれぞれのメンバーに権限を与えることにしました。実現する業務フローの検討など、システム全体の設計にはEが関与するものの、そこから派生する各部門用の画面や帳票は、5部門がそれぞれ現場のニーズに合わせて設計・開発することとなりました。

ニーズに沿って増え続ける画面や帳票

Eは週次の定例会議を開催し、各部門の進捗を確認しました。各部門で自律的に開発にあたった結果、業務システムは予定よりも半年も早く完成する見込みとなりました。

Eはシステムのリリースを迎えるにあたって、各部門から具体的な画面や帳票の説明を受けることになりました。5部門からの説明が終わる前にEはある異変に気づきました。ものすごい数の画面や帳票が作成されていたのです。また、テーブルの設計も統一されておらず、同じようなデータを複数のテーブルで重複して持ってしまっていました。

このままリリースしてしまっては、ただのレガシーシステムの焼き直しで、個別最適の集合体です。システム統合によるメリットが全く享受できないと気づいたEはシステムを設計し直すことにしました。これにより、新業態の立ち上げは結局1年以上遅れることになりました。

「あれだけ現場の声を聞いて開発したはずなのに」とEは悔しそうに拳を握りしめました。

方針とプロトコルを統一する

Eは社長の指示に従って、できるだけ各部門のメンバーに権限を与えるという方法でシステム開発を進めました。これ自体はアジャイル開発の基本です。しかし、全体的な開発方針やプロトコルを統一していなかったのが問題です。

プロジェクトの目的は何なのか、新たな業務システムはどのような価値を提供すべきなのか、どの機能が満たされていればそれを達成できるのか、といった全体的な開発方針がない限り、各部門の担当者は現場に言われるままにたくさんの機能を追加してしまいます。

開発に際しても、各メンバーの役割が何か、コミュニケーションツールは何を使うのか、といったメンバーが活動をするためのプロトコル（原則）が明確になっていなければ、各々が好き勝手に行動し、プロジェクトはバラバラになってしまうでしょう。システム開発に限らず、現場をアジャイル化する際にはマネージャーが方針とプロトコルを整備するようにしましょう。

事例16 サプライヤーに自社の都合を押し付けてしまった

市場の変化に迅速に対応するためのアジャイル手法の導入

50年以上の歴史を誇る精密機械メーカーのK社は、数年前に新規事業としてスマートウォッチを開発し、市場に投入しました。独自に開発したセンサーをつけたことで、「摂取カロリーと消費カロリーを正確に計測できる」と、健康に対する意識が高いビジネスパーソンから強く支持されてきました。

一方で、米国と中国の複数の競合が、類似機能を持つスマートウォッチの展開を加速し始めたことで、K社の市場シェアは徐々に失われつつあります。市場シェアを取り戻すために商品企画部で製品開発を担当するAは、顧客の声をすぐに取り入れて製品開発に生かせるようアジャイル手法を導入することにしました。

Aはどんなに細かな顧客のニーズも聞き漏らさないように、全国を回って消費者ヒアリングを繰り返しました。実際に消費者に会いに行くことで、これまでに思いもつかなかった機能に関するリクエストや、細かな使い勝手に関する意見を聞けました。

K社はこれまで1年に一度だけ新製品を発表していましたが、Aはできるだけ素早く顧客の声を反映するために、4半期に一度新製品を出すことに決めました。そうすることで、顧客からのフィードバックをより高い頻度で回収でき、さらなる改善ができると考えました。

アジャイル手法を導入してから初めての製品が発売されると、一気に顧客の注目を集めてK社は市場シェアを回復することに成功しました。

突然止まった生産ライン

Aは次の4半期にはさらなる改良を加えた新製品を市場に投入することにしました。競合他社の製品と比較して、K社の製品は摂取カロリーと消費カロリーの計測精度が高いという特徴があります。ここで競合との差を一気に広げるべく、計測精度をさらに高めるためにセンサーを刷新することにしました。

次の新製品の発売まで後1か月に迫ったところで突然のトラブルが発生しました。刷新する予定のセンサーを製造しているサプライヤーから、今回の納期には間に合わないと連絡が入りました。早速サプライヤーの担当者と面談を実施しましたが、謝罪をされるばかりで、打開策を打ち出すには至りませんでした。すでに新製品の発売に向けて広告も打ち、販売会社との商談も進めていたAは頭を抱えました。
「ここまでアジャイル手法で成功していたのに何が悪かったのだろう？」

すべてのステークホルダーを巻き込む

Aは顧客の声を聞いて、それらを取り入れた新製品をできるだけ早く発売するためにアジャイル手法の導入を進めました。その結果、新製品の発売サイクルを大幅に短縮できたように見えました。

ここでの落とし穴は、K社だけでアジャイル化を進めてしまい、サプライヤーを巻き込んでいなかったことです。サプライヤー側では必要な部品を仕入れることができなかったのかもしれませんし、増産に合わせた従業員の確保などが必要だったのかもしれません。どうしても発注側は優越的な地位になりがちですが、本来はパートナーとして企画段階から巻き込む必要があったのです。

製品を完成させるにはすべてのパーツをそろえる必要があり、欠けているパーツがあると、それがボトルネックになってしまいます。アジャイル化を進める場合には、自社全体で取り組むことはもちろん、それ以外のステークホルダーの存在も忘れないようにしましょう。

思考術

解決策は全体最適で考える

アジャイル化でよくある勘違い

- ■ 現場にアジャイル教育をするだけで、現場が自律的に考えて素早く動き出す
- ■ アジャイル化とは現場を中心に考えることである
- ■ アジャイルの教科書に載っている方法に忠実に従わなければならない

方針を決めてからアジャイル化を進める

J社のEは業務システムを刷新する際にアジャイル開発手法を導入しました。その結果として、各部門の個別ニーズに合った機能を開発することはできましたが、全体としては統一感のないシステムになってしまい、システムの再設計により導入スケジュールに大きな遅れを招きました。

また、K社のAはアジャイル開発手法を使って、できるだけ多くの顧客の声を反映しながら短いサイクルでの製品開発を目指しました。しかし、サプライヤーを巻き込むことに失敗して、新製品の発売日までに製品を完成させることができませんでした。

アジャイル開発手法というと、現場に寄り添った開発手法のように思われがちですが、一番大切なのは明確な方針があることです。多くの企業がアジャイル開発手法に注目し、組織のアジャイル化を支援するコンサルティング会社などもあるようですが、プロセスを構成する一部の現場だけにアジャイル教育をしても効果は期待できません。あくまで全体最適を目指すための手法としてプロセス全体でアジャイル化を進めましょう。

目的に合わないのであれば無理にアジャイル化すべきではない

デジタル革命によって少人数でもできることが増え、多くの業種でより短いサイクルでの製品・サービス開発が求められていることは事実です。

しかし、すべての業種やプロジェクトにアジャイル化がそれを実現する手段として当てはまるとは限りません。例えば、J社の業務システム刷新プロジェクトでは、従来のウォーターフォール型で基本的な業務システムを作り込んだほうがスムーズな移行ができたかもしれません。その後、追加で必要な画面や帳票を開発するプロセスにおいてアジャイル手法を導入するという方法を選択することも可能です。

K社についても同様に、スマートウォッチ自体はこれまで通り時間をかけて開発し、専用スマホアプリの新機能追加や不具合対応のプロセスについてのみアジャイル開発手法を導入するということも考えられます。サプライヤーまで巻き込んでアジャイルな開発体制を構築するのが困難なのであれば、無理をする必要はありません。

どのような手法も同様ですが、**アジャイル化を進める前にプロジェクトの目的を高い抽象度で設定することから始めましょう。**もし目的に合わないのであれば、無理にアジャイル化を進めるべきではないと考えましょう。

Training

思考のトレーニング

現場の自律性を高めるためにアジャイル教育を実施したら、たくさんのアイデアが出てくるようになりましたが、方向性が統一されていないものばかりで対応に苦慮しています。こんなとき、あなたならどうしますか？

ヒント：どうすればメンバーに、より俯瞰した目線で考えてもらえるかを考えてみましょう。

↓

「思考のトレーニング」の解答例は218ページに記載

9

標準化

成果の質を保つためのルールをつくる「標準化」

解決策は組織に定着させなければならない

マネージャーは現場の問題を発見して解決策を考えますが、同じような問題に何度も直面することがあります。それは、解決策が仕組みとして組織に定着していないことを意味します。

例えば、アパレルメーカーが常に特定のサプライヤーから仕入れているボタンで在庫不足が発生しているとしましょう。その場合、1回当たりの発注量が少ないのかもしれませんし、発注頻度が少ないのかもしれません。あるいは、特殊な素材を使用しているため、そのサプライヤーが仕入れられる量が決まっているのかもしれません。

その原因を特定して、解決策を考えられていれば、同じような問題に繰り返し直面することはなくなります。一定量を定期的に発注することを取り決めれば、突然欠品を起こすことはなくなるでしょう。素材に希少性があるのであれば、素材を変えたり、調達ルートを増やしたりすることも一案です。

また、営業担当者ごとに資金回収のバラつきがある場合はどうでしょうか？　調べてみたところ、請求書を発行するタイミングや督促をするタイミングや方法が営業担当者ごとにバラついていたとします。

この場合であれば、請求書発行のタイミングと督促をする条件を取り決めて、経理担当者に一元化することが考えられます。そのようにすることで、営業担当者ごとの業務のバラつきをなくせます。

ルールや仕組みで標準的な成果を保てる

すべての問題に対してゼロから解決策を考えていては、膨大な時間を費やしてしまいますし、対応する人によって解決策にバラつきが生じてしまいます。前述のようにルールや仕組みを設けて「標準化」をすることで、組織として一定の成果を担保できるようになります。

皆さんがマクドナルドやスターバックスに行ったときに、店舗や担当者ごとに商品やサービスが全く異なっていたらどのように思いますか? 冷え切ったフライドポテトを平気で出してきたり、何も言わずにコーヒー1杯をつくるのに10分も待たされたりしたら、二度と同じチェーンには行きたくなくなるでしょう。

標準化することで新たな価値を出せる

標準化によって、担当者が変わったり、不測の事態が起きたりしても、一定の成果を保てるようになります。同じ問題に対処する必要がないということは、マネージャーが新たな価値を生み出すことに時間を使えることになります。

例えば、経営コンサルティングではパワーポイントで資料を作成しますが、使用するフォントやオブジェクト、強調するときのトンマナ（トーン&マナー）がすべて定義されています。そうすることで、マネージャーは資料の体裁ではなく、資料の中身でどのような独自性を出すかに時間を割くことができます。

|事例17|

マニュアルを整備したのにクレームが増えた

過去のクレーム分析によるマニュアルの整備

L社は50年以上の歴史を有する大手旅行代理店ですが、昨今のオンライン化の流れを受けて多くの顧客が離れてしまいました。加えて、国内での正社員の採用も難しくなり、パートタイムの非正規社員を増やすことになりました。

非正規社員の研修を担当することになったマネージャーのAは、入社後すぐに顧客対応ができるよう、マニュアルの整備をすることにしました。どのようなクレームにも対応できるよう、Aは社内でのヒアリングやデータ分析を徹底し、漏れがないようにしました。

過去事例をもとに整理したクレームは300個にもおよび、Aはチームメンバーとともに日夜議論して、それらに対する対応マニュアルの作成に取りかかりました。すべての項目に対する対応策を検討したAとチームメンバーは、膨大な作業をやり切った達成感に浸る間もなく、今度は導入研修を企画しました。

3か月間にわたる研修が終わるころには、入社したばかりの非正規社員もマニュアルに沿った対応ができるようになっていました。マニュアルはスマホアプリにも対応していて、困ったときにはすぐに参照できるようにしました。

続出した顧客からのクレーム

そんなある日、Aはカスタマーセンターの責任者から連絡を受けました。カスタマーセンターで顧客からのクレームが続出しているというのです。マニュアル通りに対応しているにもかかわらずです。

Aが現場でヒアリングをしたところ、主にクレームが起きているのは法人顧客だということがわかりました。例えば、以下のようなやり取りがあったようです。

顧客「5月10日の大阪出張を手配してもらえませんか？ 新幹線と飛行機ではどちらが早く着きますか？」

担当者「飛行機の場合遅れることがあるので、乗ってみないと正確なことはわかりません」

仕事の出張に行く顧客からすれば、商談に間に合うかどうか知りたいのに、マニュアル通りの杓子定規な回答では困ってしまいます。マニュアルを作成したメンバーからすれば、後のリスクを低減したつもりかもしれません。また、比較的時間に余裕のある個人旅行者からすれば、このような回答であっても困ることはないのかもしれません。

「何でマニュアルを導入したことで、業務のレベルが下がってしまったのだろう……」とAはしばらく言葉を失いました。

網羅性ではなく、抽象レベルでの方針を合わせる

Aはマニュアルをつくるときに網羅性を高めることを目指しました。そして実際、Aとチームメンバーが作成したマニュアルはあらゆる項目を網羅した内容になっていました。

しかし、単なる受け答え集ではマニュアルは有効に機能しません。マニュアルを作成するときにも抽象レベルでの方針を作成しなければなりません。その後、具体的な内容の作成をすれば、全体として統一感のあるものになります。

また、研修でも単にマニュアルに記載されていることを丸暗記するのではなく、なぜそのような対応になっているのかを参加者に理解してもらうように努めましょう。

事例18

半数以上の店舗で施策による成果が上がらなかった

セルフレジの導入による業務標準化

M社は中堅のスーパーマーケットチェーンで、地方の大型店舗から駅ナカのキオスクまで運営しています。ここ数年間従業員の採用が困難を極め、海外からの人材採用に加えて、あらゆる業務プロセスの標準化を進めています。

M社のIT部門のマネージャーを務めるEは、次なる施策としてセルフレジの導入を検討していました。これまでのM社はレジ業務を、店舗で消費者との貴重な接点だとして、セルフレジの導入には二の足を踏んでいました。しかし、昨今は従業員教育が追い付かないことからレジ業務でのトラブルが相次いでいました。それであればいっそのことセルフレジを導入して業務を標準化したほうが良いというのがEの考えでした。

Eはベンダーからの提案を受けるだけでなく、国内外の有名小売チェーンを視察して、自社にとって最適なソリューションを探索しました。Eは特に人材採用が難しく、通勤時間帯に混雑する都内の駅ナカ店で使いやすいソリューションを選定しました。

Eは全店舗の半数をセルフレジに置き換えることにしました。また、高齢な従業員が多い地方の大型店にも配慮して十分な研修を実施しました。本社内にトラブル対応のためのヘルプデスクも設置し、準備万端のはずでした。

地方大型店舗でのトラブルの多発

セルフレジを導入してから1か月が経過したところで、Eは全国から店長を集めて導入状況のヒアリングをしました。人間の本性として新たなソリューション導入には抵抗する人が多いのを理解していたEは、店舗ごとの売上データも同時に確認しました。

結果、都内の駅ナカ店では前年同月比で売上が20％も増えていることがわかりました。セルフレジは電子決済のみの対応としたことでレジ業務が標準化され、顧客1人当たりの処理スピードが増えたことが売上増加の理由だとわかりました。店長へのヒアリングからも、特に大きなトラブルが発生していないことがわかりました。状況に応じてすべてのレジをセルフレジに置き換えても良いのではないかという意見まで飛び出しました。

一方、地方の大型店舗ではトラブルが続出していました。地方の大型店では車で大量の買い物をする顧客が多く、セルフレジには適していないことがわかりました。また、高齢の顧客が多かったことから、セルフレジは敬遠されていて、ほとんど利用されていませんでした。その結果として、店舗の従業員が奮闘したにもかかわらず前年同月比で10％も売上が下がっていることがわかりました。

Eはセルフレジを利用した顧客には2倍のポイント還元をするなどの対策を講じましたが、セルフレジの利用者は一向に増えませんでした。むしろ、時間が経つにつれてセルフレジは使い勝手が悪いという評判が広まってしまい、セルフレジの利用者はほとんどいなくなりました。

「これだけ準備して標準化を進めたはずなのに……」とEは弱り果てました。

適切な抽象度で標準化を進める

Eは入念な調査にもとづいて、セルフレジの導入を検討しました。その際にEは全社の業務を標準化しようとして、都内の駅ナカ店舗と地方の大型店舗で同様のソリューションの導入をしました。

Eが全社の業務を標準化しようとした発想自体は悪いことではありません。しかし、都内の駅ナカ店舗と地方の大型店舗では顧客層や購買パターンに大きな違いがありました。少ない商品を限られた時間内に買いたい都内の駅ナカ店舗の顧客に対して、多くの商品をまとめ買いしたい地方の大型店舗の顧客ではニーズが大きく異なっていました。

もしEが調査段階でこの違いを意識していたら、都内の駅ナカ店舗と地方の大型店舗では異なるソリューションを導入することも可能でした。あるいは、いきなり半分のレジをセルフレジにするのではなく、一部店舗で試験的に導入してからフィードバックを得ることも考えられました。

思考術

一般解を現場に合わせた固有解に落とし込む

標準化でよくある勘違い

- 標準化とはマニュアルを整備したり、ルールを定めたりすることだ
- 標準化を進めると現場の自主性や創造性が損なわれる

抽象化してから標準化を進める

L社のAは現場からのヒアリングをもとに過去のクレームを集め、現場メンバーとともにマニュアルを作成しました。現場感のあるマニュアルを作成すること自体は正しいことですが、ここで欠けていたのは抽象化のプロセスです。抽象化によって方針を定めていないマニュアルは現場を混乱させてしまうことになります。

一方、M社のEは全店舗で1つの標準ソリューションを入れることに注力しました。多くのITシステムの開発で現場に寄り添いすぎてしまい、個別最適に陥ること

を考えると、Ｅの行動自体は正しいものと言えます。一方で、同じソリューションを環境が全く異なる店舗に導入してしまいました。

現場を生かすために標準化を導入する

標準化自体は一般解をつくる行為だということを覚えておきましょう。一般解は、それ自体で価値を生むことはなく、現場の環境に合わせた固有解になって初めて価値を生み出します。

標準化を進めていくと、標準化を進めること自体が目的化してしまいがちです。しかし、**標準化はあくまで現場を生かすために実施する**ことを常に意識しましょう。

例えば、あるファストフードチェーンでは、顧客に対応するときの台詞まですべてマニュアルに記載されているかもしれません。一方、他のコーヒーチェーンでは、業務はすべて標準化されていて、誰でも同じ味のコーヒーをつくれるようになっている代わりに、台詞は従業員が自由に発して良いことになっているかもしれません。

業務の大部分を標準化したほうが良いのか、標準化は一部にとどめて現場の裁量を高めるべきか、これは業務内容や会社のポリシーに大きく依存します。マネージャーは、現場の力を最大限生かすための標準化を心がけましょう。

Training

思考のトレーニング

業務の標準化を進めるためにマニュアルを導入した結果、マニュアル通りの対応しかできないメンバーが増えてしまいました。こんなとき、あなたならどうしますか？

ヒント：想定されるさまざまな状況を抽象化して作成されているマニュアルの本来の目的を理解してもらうための方法を考えてみましょう。

↓

「思考のトレーニング」の解答例は219ページに記載

第3章のまとめ ～解決策を考える～

即断即決

☑ マネージャーが日々の判断において「即断即決」してチームを迅速に動かすことで、特にボトムアップ型の組織においては、組織全体の活動スピードと成果が向上する

☑ 緊急度が高くても重要度が低い問題は現場に任せ、マネージャーは重要度の高い問題に集中し、抽象化作業を通して問題の根本原因を見極めることが重要

アジャイル化

☑ 現場に権限を与えて試行を繰り返す「アジャイル化」によって意思決定のスピードを上げることで、組織全体の効率性向上や顧客ニーズへの適応力の強化が期待できる

☑ 各々の現場が個別最適で動いてしまっては組織としての統一感を欠き逆効果となるため、まずは明確な方針を設定し、プロジェクト全体の目的に沿ったかたちでアジャイル化を進めることが重要

標準化

☑ 現場の課題に対する解決策を「標準化」し定着させれば、安定した成果を維持できるだけでなく、新たな価値創造のための時間的余裕も生まれる

☑ 標準化が目的化し、現場に不適切な一般解を適用すると混乱が生じるため、標準化はあくまで現場を支援する手段であることを認識したうえで方針を決めることが重要

第4章

適切な解像度で伝える

10

上司への報連相

仕事を円滑に進めるための「上司への報連相」

マネージャーは組織の触媒とならなければならない

マネージャーというのはその性質上、経営と現場をつなぐ重要な役割を果たしています。いくら優れた経営者が優れた戦略を立てたところで、それが現場で実行されなければ業績は何も変わりません。経営のメッセージをマネージャーが正しく解釈して、それぞれの部門に落とし込むことで初めて組織は正しく機能します。

同様に、現場で起きている問題について権限を越える判断が求められる場合、マネージャーが自分の上司に正しく状況を伝えられれば、上司は適切な判断を下し、打ち手を考えられるようになります。第3章ではマネージャーが自らの権限内で解決策を考えることを想定して解説しましたが、実際のビジネスシーンではマネージャーが上司の判断を仰ぐことが必要な場合もあります。

本節では、仕事を円滑に進めるために上司への報連相について考えてみましょう。

報告、連絡、相談の違いはタイミング

「報連相」は報告、連絡、相談を指す略語です。これらの違いについてはさまざまな解釈ができると思いますが、本書ではそれぞれが扱う事象を以下のように定義して解説を進めていきます。

- 報告：過去の事象
- 連絡：現在の事象
- 相談：未来の事象

まず、報告というのは過去に起きた事象を扱います。例えば、週次会議などで「顧

客からのクレームがあった。その結果、受注の継続ができなかった」と上司に伝達することです。

次に、連絡というのは現在起きている事象を扱います。例えば、上司にチャットで「発注システムでのバグが発覚して運用を止めている。外部のシステム会社に対応をしてもらっているので、今日中に復旧する見込みとなっている」と伝えることです。

最後に、相談というのは将来起きることが予想される事象を扱います。例えば、「倉庫で使用している機材が老朽化している。このままでは事故につながる可能性があるので設備投資をしたい」と上司に伝えて判断を仰ぐことです。

ここで重要になるのは、報告と連絡が扱うのはすでに起きた事象、あるいは現在起きている事象であるのに対して、相談は未来に起きることが予想される事象について取り扱っている点です。つまり、第2章の「問題を発見する」スキルと第3章の「解決策を考える」スキルが身についていないマネージャーは、上司に適切に相談できないのです。

上司への適切な報連相によってトラブルを未然に防ぐ

図4－1に示したようにマネージャーはチームを任されていて、一定の権限と責任

図 4-1　マネージャーの権限と責任は決まっている

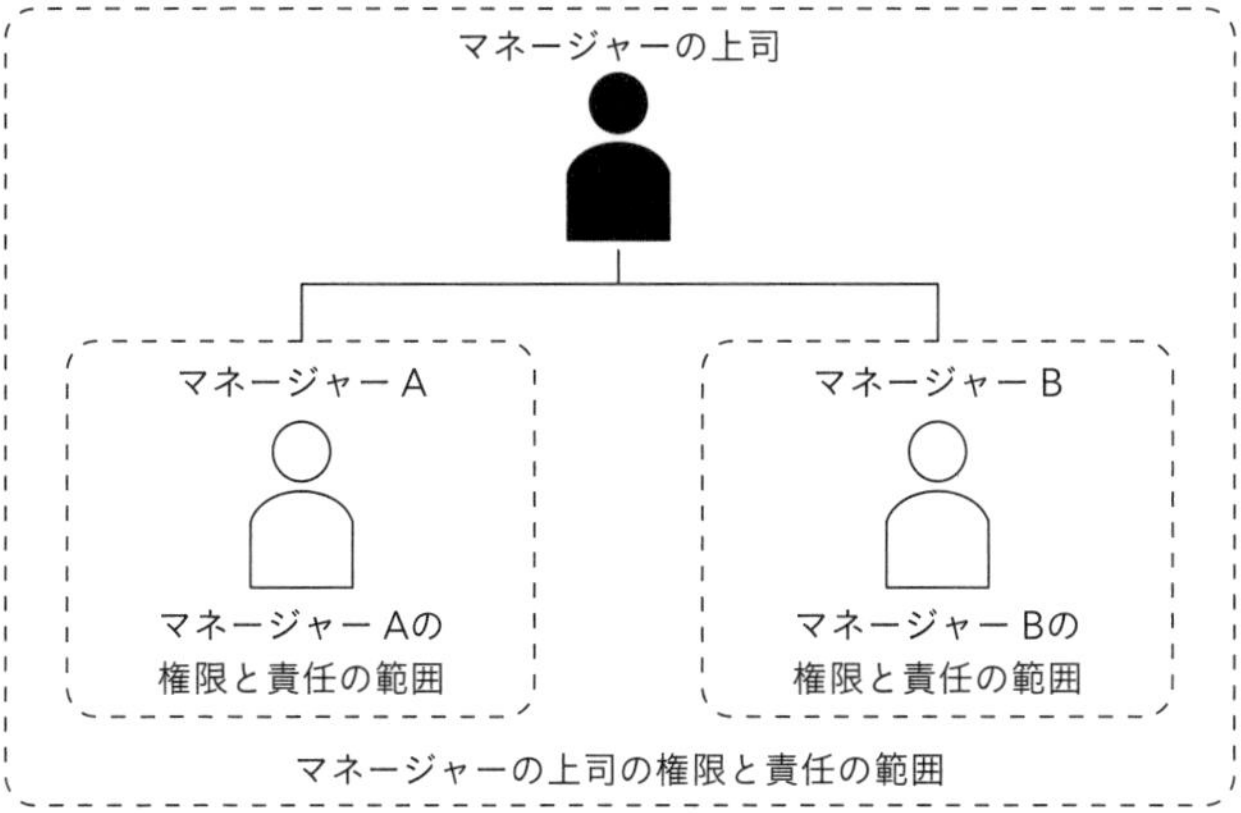

を負っていますが、組織全体の責任を負うことはできません。そして、自分の権限を越えた活動を勝手に行うことは越権行為であり、組織に崩壊をもたらします。

例えば、過去にある顧客への商品提案を上司に承認してもらった実績があるからといって、次も同じように承認してもらえるとは限りません。なぜなら、その商品の取り扱いを止めることがすでに上層部で決定しているかもしれないからです。あるいは、その商品の仕様変更が予定されている可能性もあります。

販売できない商品を勝手に顧客に提案してトラブルに発展したら、それは組織全体の責任になります。マネージャーが独断で決めたことであっても、特に大きな責任を負うのはその上司やさらに上層部の人たちであり、また、少なからず現場にも迷惑をかけることになります。

マネージャーが上司に適切な報連相をすることで、自分が正しく権限と責任を運用していることを証明するとともに、トラブルを未然に防げるのです。

事例19 入念に準備しても上司の賛同を得られなかった

自社技術を生かした健康食品業界への進出

N社は優れた研究開発部門を持つ大手飲料メーカーで、これまで数々の画期的な商品を生み出してきました。N社の社長は、蓄積された自社技術を生かし、新たな事業として健康食品の開発に乗り出すことを決定しました。

長年お茶のブランドマネージャーを務めていたDは、新規事業開発の責任者である常務から呼ばれ、健康食品の開発部門にマネージャーとして異動することになりました。

新たに開発する健康食品について、常務からの方針の説明などは特になく、Dの自由に開発を進めるように言われました。Dはブランドマネージャーとして培った経験を生かしながら、健康食品の開発にまい進しました。

常務からは、3か月で新たに開発する健康食品の方向性を固めるように言われていました。そのスケジュールに沿ってDは開発を進め、ちょうど3か月が経つころ、常務に進捗を報告することにしました。

常務は静かに報告を聞いていました。プレゼンした方向性に関しても特にコメントはなかったことから、Dは報告が成功したものと思っていました。

突然告げられたプロジェクトの停止

それから2週間後、Dは常務からプロジェクトの停止に関する連絡をもらいました。しかもそれは、何の理由も書かれていない、たった数行のメールでした。3か月もの時間を費やしたにもかかわらず、突然のプロジェクト停止の連絡にDは当惑し、常務へ面談を申し入れました。

Dは面談で常務に、自分がどれだけの熱意を持って新製品の開発に取り組んでいたか、どれだけの時間を費やしたかを訴えました。それに対して常務からはこのように言われました。

「Dさんが開発した新製品は、会社の中期経営計画に沿っていない」

Dは自分なりに中期経営計画や社長のメディアでの発言などを分析していました。そのうえで新製品の開発に取り組んだつもりだったので、常務の発言には大きなショックを覚えたのでした。

「最後にはしごを外すなんてずるいじゃないか」とDは憤りを感じました。

上司の権限と責任を奪ってはいけない

Dは常務から何も方針が示されなかったため、独自の判断でプロジェクトを進めました。その結果、会社の中期経営計画に沿っていないと常務が判断するものを開発してしまいました。

ここでのDの問題は、3か月というプロジェクトの期間中、常務に対してたった一度の報告しか行わなかったことです。本来であれば、早い段階でプロジェクトの責任者である常務に方針を相談して、すり合わせをするべきでした。なぜなら、プロジェクトの方針を決める権限と、失敗したときの責任は常務が負っているからです。

Dはマネージャーとしてプロジェクトの実行を任されていましたが、権限と責任を持っていたわけではないのです。常務が責任者である限り、方針の説明がなく自由に進めるよう言われたからといって、Dにすべてを決定する権限を与えられたわけではありません。

上司から報連相を求められなかったと反論したくなるかもしれませんが、**事前に相談して、都度状況を連絡し、定期的に結果を報告する義務は部下が負っている**と考えましょう。親切な上司であれば定期的な会議を自ら設定するかもしれませんが、マネージャーはそれを期待してはいけません。

事例20 上司の権限不足で案件がとん挫してしまった

海外での大型開発案件の受注

O社は海外で都市開発を手がけている中堅デベロッパーです。今回、繊維事業で一財を成したインドの家族経営企業から、スマートシティの開発を受注しました。

この受注の提案書作成を担当したマネージャーのZは、インドのみならず世界中の都市を研究しました。その結果、スマートシティの本質はデジタル技術や最新の建物にあるのではなく、住民の「働く、遊ぶ、暮らす」という3機能を満たせるかにあると気づきました。

Zは、インドでも大きな話題となっている日本発祥の「IKIGAI」を軸に町のコンセプトをまとめあげました。Zが考えた提案は、競合他社によるエネルギー効率の良い建物や電気自動車を中心にした町づくりとは対照的なもので、先方から絶賛されました。

プロジェクトマネージャーに任命されたZは、数年間におよぶ案件を手がけるため、メンバーとともに家族を連れてインドへ移住しました。今回の都市開発プロジェクトはO社にとってこれまでに経験したことがないほどの規模で、ZはO社のプロジェクト責任者であり直属の上司にもなるインド支店長のみならず、本社の経営陣からの大きな期待も背負うことになりました。

この案件の成功のためには日本本社の関連部署との連携が極めて重要です。Zは、当プロジェクトの担当者を選定してもらうため、本社の関連部署の責任者と折衝するようインド支店長に依頼しました。

Zはプロジェクト責任者のインド支店長とは週次で会議を設定し、適切な報連相をするように心がけました。また、関連部署の担当者とは月次会議を設定しました。グラウンドデザインには1年半程度を要することが予想されていたため、Zは3か月ごとのマイルストーンを設定し、プロジェクトの進捗を管理することにしました。

力量不足の担当者によってとん挫した案件

最初の3か月が経過したころ、関連部署の進捗が思わしくないことがわかりました。Zは各担当者に詳しくヒアリングをすることで、遅れの原因を突き止めようとしました。

Zが分析したところによると、関連部署の多くでは専任の担当者を置いていないことがわかりました。また、選ばれている担当者もエース級にはほど遠く、今回の大型案件を担当するには経験不足と言わざるを得ませんでした。

「これだけ大事なプロジェクトなのに、なぜちゃんとしたメンバーが選任されていないんだ」とZは腹立たしく感じました。

権限と責任の範囲を正確に理解する

プロジェクトマネージャーであるZは、上司であるプロジェクト責任者のインド支店長への報連相はそつなくこなしていました。それではなぜ今回の案件は遅延というトラブルに巻き込まれてしまったのでしょうか？

今回のトラブルが発生した原因は、Ｚがインド支店長の権限と責任の範囲を正確に把握していなかったことにあります。インド支店長はプロジェクト責任者ではありますが、日本本社の関連部署の人事権までは持っていませんでした。もし関連部署の人事に関与したい場合、それが人事権を必要とするのであれば、少なくともそれぞれの担当役員に働きかける必要がありました。

もちろん担当役員に働きかけなかったインド支店長にも責任はありますが、マネージャーとしては社内メンバーの権限の範囲を正確に理解することが重要です。そして権限の範囲を把握する際には、明文化されている業務分掌のみならず、その人が実際に組織を動かす力量を有しているかまで確認しましょう。

思考術

盤上の駒ではなく、棋士の視点で考えて報連相する

上司への報連相でよくある勘違い

- マネージャーは、直属の上司にだけ報連相すれば良い
- マネージャーは上司が知りたいであろうことを報連相すれば良い

俯瞰してどうやって駒を動かすかを考える

N社のDは上司への報連相を怠ってしまったために、順調に進んでいると思っていた新製品開発がとん挫してしまいました。もし定期的に上司に方針の相談をしていたら、突然のプロジェクト停止という事態は防げたことでしょう。

また、O社のZは直属の上司への報連相はそつなくこなしていたものの、上司の力量を見誤ってしまったために、せっかく受注した大型案件でトラブルを発生させてしまいました。

組織運営は将棋にたとえられることがあります。例えば、新入社員は動ける範囲が限られている歩兵で、社長は最も重要な駒である王将といった要領です。では、組織運営に際して、それぞれの駒の立場で考えればいいのかというと、そのようなことはありません。駒の立場ではなく、指している棋士の立場で考えなければ円滑な組織運営はできないでしょう。

たとえ歩兵（新入社員）であっても、棋士の立場で考えれば、どうやって王将（社長）を有効活用できるかを考えることができます。特に、経営と現場の間に立ち、双方が見え、双方に声を届けられる立場上、棋士の視点で考えられるかどうかは、マネージャーの重要な資質の1つだと言えます。

組織図には表と裏がある

あらゆる組織には図4－2のような組織図が存在しています。そして、多くの組織では構成員のジョブディスクリプションが定義されています。ただし、**組織には表の組織図では表現できない裏の組織図が存在している**ことを理解しましょう。

例えば、商品企画部長を長年務めた人が営業部長になったにもかかわらず、引き続き商品企画に関する決定権を有しているような場合です。あるいは、株主でもなく、すで

図 4-2　組織図のイメージ

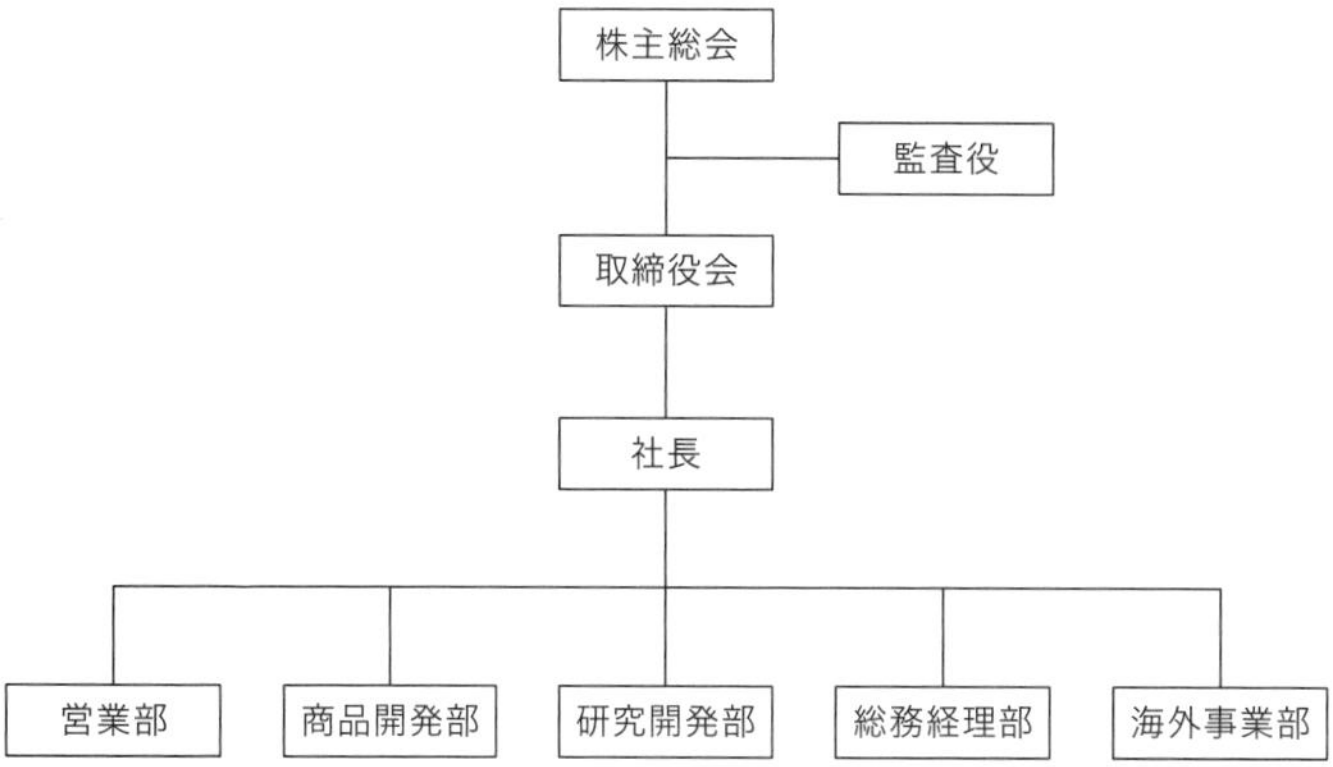

に引退した会長が顧問として経営の意思決定に影響を与えているような場合です。

これらは組織運営上大きな障害となりますし、本来あってはならないことです。しかし、組織間の重複領域が多く、欧米企業と比較して業務分掌が明確ではない日本企業において散見されます。誰を対象に報連相すべきかを見極めることもマネージャーに求められる資質です。

相手の力量を見極めるには、「○○さんを紹介してほしい」や「新しいプロジェクトに関するアドバイスがほしい」といった簡単なお願いをしてみましょう。それらがいつまで経っても実現されない場合、相手の力量を疑ったほうがいいかもしれません。

Training

思考のトレーニング

上司への報連相に漏れがないように事細かに長文メールを送付していたら、情報過多に陥った上司からの返信がなくなってしまいました。こんなとき、あなたならどうしますか？

ヒント：マネージャーよりも俯瞰した視点で見ている受け手の上司の負荷を減らすための方法を考えてみましょう。

↓

「思考のトレーニング」の解答例は219ページに記載

11 現場へのフィードバック

メンバーの成長を促す「現場へのフィードバック」

マネージャーが1人でできることには限りがある

皆さんの周りには、何でも自分で決めて進めたがるマイクロマネジメント型のマネージャーはいないでしょうか？　そのようなマネージャーは、プレイヤーとしては優秀であり、一定の成果を上げていた可能性が高いものの、そのやり方ではチームメンバーが育たないという弊害があります。そして、チームメンバーが育たないと、チームで実現できることの幅も一向に広がらないことになります。

本節では、現場へのフィードバックによってメンバーの成長を促す方法について解説します。メンバーが成長してチーム全体の成果が上がれば、より大きなことに挑戦できるので、適切なフィードバックをすることはマネージャーにとって極めて大切な仕事の1つと言えます。

客観的なフィードバックで現場を育てる

まず、人が育つとはどのようなことを指すのか考えてみましょう。人が置かれている状況は、図4－3のように3つに分類できます。それぞれ以下の特徴があります。

- コンフォートゾーン：すでに持っているスキルや経験で対処できるゾーン
- ストレッチゾーン：学習や挑戦することで対処でき、成長できるゾーン
- パニックゾーン：学習や挑戦をしても全く対処できないゾーン

人は成長したいと思っていても、自らの意志だけでストレッチゾーンに出ることは難しいものです。なぜならば、人は自分自身のことを客観的に見ることが苦手だからです。人が成長するためには、どのようなスキルや経験が不足しているかを見極め、

図 4-3　3つのゾーンの違い

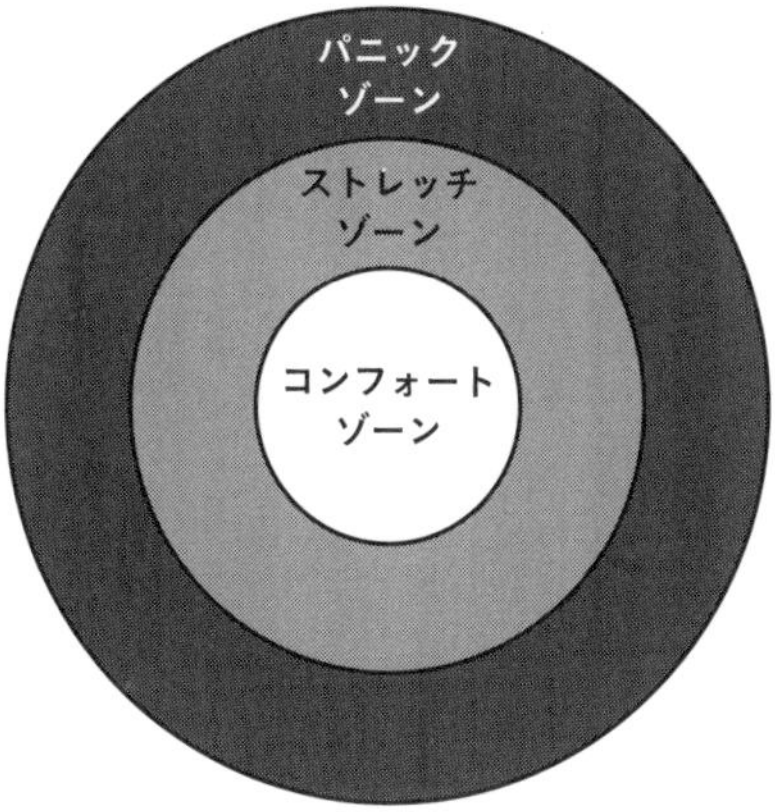

それらを身につけるための研修や仕事に取り組む必要があります。それぞれのメンバーに対してこれを実施することが、マネージャーの役割です。

かといって、やみくもにストレッチした仕事をメンバーに割り当てればいいということではありません。皆さんにも経験があると思いますが、あまりにも経験のない仕事や膨大な量の仕事を任されてしまうと、人間はパニックに陥ってしまいます。一度パニックゾーンに陥ってしまうと、パフォーマンスが著しく低下するだけでなく、精神的に病んでしまうことにもつながりかねません。

適切なフィードバックがメンバーの自律を促す

多くの欧米企業ではジョブ型の人事制度が昔から導入されていました。私が２０００年初頭に勤めていた米国企業でも、各部門のミッションやそれにもとづく各メンバーのジョブディスクリプションが明確に定義されていました。しかし、ジョブ型の人事制度では現場が与えられた役割を超えて考えることはしないためイノベーションが起きないと、当時から問題になっていました。

定型的な業務を遂行するだけであればジョブ型の人事制度はこれからも有効に働く部分もありますが、非定型の業務が増え続けるＶＵＣＡ[2]の時代においては、各メンバーが自律的に考えて行動することがこれまで以上に求められます。マネージャーである皆さんは、部下が成長し続けられるよう、ストレッチゾーンに導き自律を促すフィードバックを心がけましょう。

事例21

現場がマニュアル通りにしか動かなくなった

有事を乗り切るためのサプライチェーン改革

P社は機能的な家具を企画し、新興国で低価格な製造を実現することで一気に市場シェアを拡大し続けている新興企業です。上場してからは知名度も上がり、有名人とのコラボ企画などでも注目を集めるようになりました。特に、新興国で発掘した高品質かつ低コストのサプライヤーたちと連携し、現場発でユニークな製品を企画できることがP社の競争優位性を実現しています。

ある日、疫病による未曾有《みぞう》のパンデミックが発生したことで、P社のサプライチェーンは大打撃を受けることになりました。特にワクチンの供給が遅れた多くの新興国で、操業停止に追い込まれたサプライヤーが続出しました。

2　Volatility（変動性）、Uncertainty（不確実性）、Complexity（複雑性）

社長直下に設置された対策本部のマネージャーに任命されたKは、生産管理部門出身で、P社のサプライチェーンをすべて把握していました。Kは生産の安定化に向け、対策本部のメンバーにサプライヤーのロングリスト（候補先を絞るために広い条件で候補企業を列挙したリスト）作成を命じました。300社にもおよんだロングリストには、これまでに取引したことがない国のサプライヤーも多く含まれていました。

P社ではメンバーの自主性を重んじていたことから、これまではサプライヤーの発掘や条件交渉などはメンバーに一定程度任されていました。しかし、未曾有のパンデミックを乗り切るために、一貫した戦略の実行とリスク管理の徹底に向け、Kはすべての責任と権限を自分自身に集約しました。

Kは300社のサプライヤーに対する交渉方針を打ち出し、パンデミック下でも生産が継続できるようなサプライチェーン改革を実施しました。その結果、P社はパンデミック下でも大きく市場シェアを拡大し、Kは功績を認められて社長賞を受賞しました。

Kはパンデミック後も自らサプライヤーの開拓をするために世界中を飛び回り、さらに強固なサプライチェーンの構築を目指しました。サプライヤー管理に関するマニュアルも整備し、誰でも業務をこなせるようにしました。そして、マニュアルに沿っていない社員には、厳しい指導を繰り返しました。

鈍化した会社の成長

それから2年が経ったころです。P社の成長が鈍化し始めました。Kのおかげでサプライチェーン改革は成功し、世界の最適地で生産できる体制を整えていたにもかかわらずです。

「サプライチェーン改革は成功だったのではないのか」とKは信じられないといった表情で固まりました。

詳しく調べてみると、Kがサプライチェーン改革を実施してから原価率は10％以上低下し、生産リードタイムも大幅に短縮していることがわかりました。一方、かつてP社の強みとなっていたユニークな製品は影を潜めていました。新製品の多くは既存製品の焼き直しで、サプライヤーと密に連携して開発していたような新規性のある製品はほとんど含まれていないことがわかりました。

マネージャーが現場の仕事を奪ってはいけない

図4－4のように事業にはステージがあり、事業ステージごとに求められるスキル

図 4-4　事業ステージによって求められるスキルは異なる

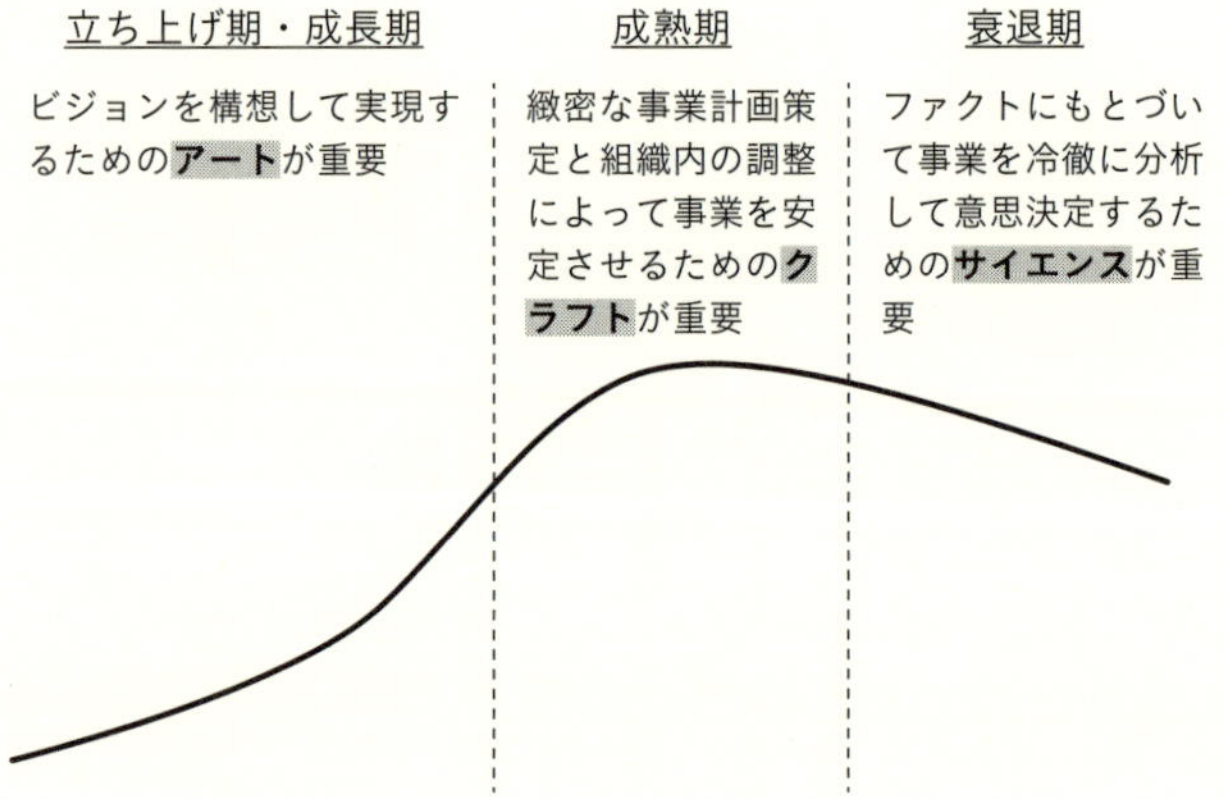

は異なります。P社はパンデミックによって危機を迎えましたが、危機対応としてKの取った行動は正しいものでした。危機のときには情緒的な判断をせず、サイエンスを重視して少ない人数で意思決定をして、忠実に実行したほうが望ましいと言えます。

しかし、危機を乗り越えて再び成長を目指すには、サイエンスだけでなくアートの要素も重要になります。特に現場発のアイデアを有効活用するには、現場に権限を委譲したうえで、現場がストレッチゾーンで仕事をできるようなフィードバックを心がけるべきです。いくら仕事が定型化されても、コンフォートゾーンばかりで仕事をしていたら成長実感を持てず、現場のモチベーションは低下してしまいます。

パンデミック対策で権限と責任を一元化したことはたしかに成果を上げましたが、その体制を続けてしまったことにより、現場がストレッチゾーンに挑む機会を奪い続けたことに、Kは気づくべきでした。

事例22

気合いと根性による指導では現場が全く育たなかった

カリスマ社長による事業の急成長

Q社は中小企業向けのセキュリティソフトを提供するスタートアップで、カリスマ性のある創業社長によるさまざまなアイデアによって急成長を遂げてきました。Q社ではソフトを利用する中小企業からはいっさい費用を取らず、取得したデータを保険会社に販売することで収益を上げています。保険会社は購入したデータをもとに新たな保険商品を開発することで他社との差別化を図っています。

カリスマ社長を支えてきたのは開発チームで、社長のアイデアを急ピッチで開発しては新サービスとして次々と市場へ投入してきました。中でも右腕として社長を支えてきたカリスマプログラマーであるマネージャーのEは、社内でも一目置かれる存在でした。

Eは社長のアイデアを聞くと、要件定義書や設計書などはつくらずに、基本的な画面とバッチを開発して現場に落とし込むスタイルで新機能の開発を進めてきました。部下がEに細かな指導を求めても「気合いと根性」でやり切るように言われるだけで、結局は現場任せでした。現場は困惑することもありましたが、業界内でも有名なカリスマ社長とともに新風を吹き込んでいると自負することで、メンバーは何とかモチベーションを維持していました。

次々とつぶれていく現場のメンバー

Eの指導方法には問題があったものの、一部のメンバーは優秀なプログラマーとして急成長しました。その結果、実質的に開発を担っているのはEと4、5人のプログラマーに限定される状況に陥りましたが、それでも事業は成長を遂げました。一方、50人ほどいた開発チームの離職率は40%を超え、業界内でもブラック企業としてプログラマーから敬遠されるようになってしまいました。

優秀なプログラマーが採用できないことから、4、5人の優秀なプログラマーに負荷が集中するという状況はより深刻化していきました。そして、ついにはそのプログラマーたちさえも精神的に病んでしまい、業務が完全に止まってしまいました。

「現場の成長のために任せたことが悪かったというのか」とEはやるせない気持ちになりました。

丸投げはマネージャーの責任放棄でしかない

Eは自分自身がカリスマプログラマーだったこともあり、部下の抱える課題や感情がわからなかったのかもしれません。しかし、だからといって部下に何でも丸投げして良いということにはなりません。

マネージャーには、部下の現時点での課題を明確にしたうえで、適切なレベルの仕事を割り当てる責任があります。そのうえで、定期的にフィードバックをしていけば、部下の成長を促せるでしょう。

思考術

適切なWhatを伝えて指導する

現場へのフィードバックでよくある勘違い

■メンバーが悩まないように、誰にでもわかるように詳細なフィードバックをすべき
■若いメンバーは負荷をかけるとつぶれてしまうので、ストレスがかからないようにフィードバックをすべき

マネージャーはWhatとWhoを考えるべき

仕事を進めるうえで考えるべき順番はWhy、What、Who、Howです。**マネージャーは組織の方向性（Why）を踏まえて、最も注力すべき課題（What）を考えるべきです。そのうえで、誰に依頼すべきか（Who）を決め、現場が実現方法（How）を考えます。**

Ｐ社のＫはＨｏｗまで決めてしまったため、現場の仕事を奪う結果になってしまいました。マニュアルなどを整備してＨｏｗを細かく定義すること自体は悪いことではありませんが、その場合は別のかたちで新たな挑戦を現場に与えないと、有意義なフィードバックをしながら現場をストレッチゾーンに引き上げることはできません。

私自身もマネージャーになりたてのころはそうでしたが、自分の想定通りのＨｏｗで部下が仕事を進めていないと不安で仕方がありませんでした。特にマネージャーになりたてのころは、Ｈｏｗを考えることは自分の仕事ではないと強く意識しましょう。

一方、Ｑ社のＥは明確なＷｈａｔを決めずに現場へ仕事を丸投げしていたため、現場のメンバーはパニックゾーンに陥ってしまい、離職者が増え、精神を病むメンバーまで出てしまいました。パニックゾーンに陥ると、現場が努力をしても全く成果を出せないため、有効なフィードバックをすることもできません。

メンバーごとの課題に合わせてＷｈａｔの難易度を調整する

有意義なフィードバックをするためには、メンバーの課題を正確に把握したうえでＷｈａｔを定義することが重要です。そのためには、まずメンバーの成功事例と失敗事例を具体的に書き出してみましょう。もしマネージャーの皆さんが十分な情報を持ち合わせていないのであれば、メンバーと一緒に、十分な時間を使って実施するようにしましょう。

そうすることで初めて、メンバーの抱える課題が明確になります。間違っても「数字に強い」「パワーポイント作成が苦手」などという抽象的なイメージで課題を設定してはいけません。

メンバーごとの課題が明確になったら、ストレッチゾーンに引き上げられるWhatを設定するようにしましょう。その際のポイントは、メンバー1人ではギリギリ完結できないくらいの難易度に設定することです。不足している部分をフィードバックで補うことで、メンバーの成長を促せます。

具体的には、メンバーが8割くらいは自分自身で円滑に遂行できて、2割くらいで悩んだりつまずいたりするくらいの難易度を設定することが望ましいです。例えば、営業であれば10件中8件は自分自身で対応できて、2件くらいでマネージャーのサポートが必要であれば十分な学びがあると言えるでしょう。

マネージャーは「4 数値化・言語化」でも解説したように、8割が問題なく遂行されていることを把握するとともに、2割が大きなトラブルに発展しないようにタイムリーに検知できるような仕組みを考えましょう。

Training

思考のトレーニング

部下がストレッチゾーンで成長できるように業務負荷をかけるように意識していますが、メンバーから伸び悩んでいると相談を受けました。こんなとき、あなたなら部下にどのようなアドバイスをしますか?

ヒント：メンバーの視点だと短期的かつ具体的な能力にばかり目がいってしまいます。人の能力が時間とともにどのように向上するのかをマネージャー視点で考えてみましょう。

↓

「思考のトレーニング」の解答例は220ページに記載

第4章のまとめ　～適切な解像度で伝える～

上司への報連相

- 上司への適切な「報連相」を行い、組織の方針に沿った意思決定を確実にし、現場と経営の円滑な連携を保つことは、マネージャーの重要な役割の1つ
- プロジェクトの停滞やトラブルを未然に防ぐためにも、適切な対象を見極め、正しいタイミングかつ組織全体を俯瞰した内容で報連相を行うことが重要

現場へのフィードバック

- メンバーをストレッチゾーンに導き、自律性を養う「フィードバック」を通じて個々の成長を促すことで、チーム全体の成果向上を実現する
- 細かい手順（How）を提示すると自律性の育成を阻害するため、適切な難易度の課題（What）を提示し、取り組みについてのフィードバックを通じて成長を支援することが重要

おわりに

マネージャーが変われば、日本は復活できる

本書でも触れましたが、日本の労働生産性は世界的にかなりの低水準にあります。現場力が強いと言われてきた日本ですが、それを付加価値に変えられなければ意味がありません。そして、それを変えられるのは、経営と現場の間にいるマネージャーです。

デジタル革命が起きたことによって、手のひらにコンピューターが乗るようになり、専門的な教育を受けていなくてもプログラムを組めるようになりました。その結果として、少人数のチームで、驚くような付加価値を生めるようになりました。**これからは、何千人、何万人の大組織を動かすことよりも、数人のチームを機動的に動かすことがより重要になります。**

日本は業界ごとのプレイヤーが多いと指摘されてきました。実際に自動車メーカーや小売チェーンなどの統廃合は、他の先進国と比較しても全く進んでいません。しか

し、**デジタル革命後の世界では他者を駆逐して規模を追求するよりも、すでにあるものを有機的につなげる「創造的統合」が重要になります。**そして、それを先導できるのがマネージャーにほかなりません。

逆に、マネージャーが本書の失敗事例のように具体の世界ばかりで生きていたら、デジタル技術は単なる効率化ツールになってしまい、付加価値を生み出すことはできないでしょう。マネージャーは物事の全体を俯瞰するための「鳥の目」と、現場を注意深く見る「虫の目」を持ちましょう。それらと合わせて環境の変化を感じるための「魚の目」を持っていれば、好機を捉えられるでしょう。

マネージャーの思考術を身につけて生きる意味を追求する

日本の高度成長期には冷蔵庫、洗濯機、白黒テレビが「三種の神器」として宣伝されました。その後カラーテレビ（Color television）、クーラー（Cooler）、自動車（Car）の頭文字を取った3Cが登場しました。これらのモノを購入するために所得を増やすことが、日本人にとって働く大きな意欲につながったことは言うまでもありません。

モノが満たされてからは、高級レストランでの食事や海外旅行、コンサートやスポーツイベントなどのコト消費が拡大しました。それに伴い、消費者が求める価値は具体的な性能や利便性を満たす機能的価値から、感情や体験を重視する情緒的価値へと変化してきました。

そして、スマホが普及したことによってSNSで遠くにいる友人とつながったり、すぐにネットフリックスやスポティファイで映画や音楽にアクセスできるようになったりしました。生成AIの普及によって今後私たちの生活はより一層快適になり、仕事の効率もさらに向上することでしょう。

ジョン・F・ケネディの言葉に次のようなものがあります。

「変化とは人生の法則です。過去と現在しか見ない人は、確実に未来を見失います」

――――

スマホには、自分の好みにカスタマイズされたプッシュ通知が、毎日多く届きます。それらに対し受動的に反応することにはストレスがなく、いまこの瞬間を満たしてくれるかもしれませんが、その代わりに未来をつくるための貴重な時間を浪費してしまう可能性があります。過去と現在の経験をもとに、自らの手で将来を切り開いていくこと、すなわち自己実現的価値を追求することには、膨大な時間と労力が必要です。

本書を通して正しいマネージャーの思考術を身につけることで、皆さんが変化を受け入れながら未来に向かって生きる意味を追求するための一助となれば幸いです。

最後に本書の構想段階から多大なるご尽力をいただいた大久保遥さんをはじめとする翔泳社の皆さん、原稿へのコメントをくださったアイアンワークスの熊谷智弘さん、経営共創基盤の沓掛広和さん、埜口忠祐さんと中村かな葉さんに心より謝意を表します。

参考書籍

・『具体と抽象』細谷功著（dZERO）
・『ゼロ・トゥ・ワン　君はゼロから何を生み出せるか』ピーター・ティール、ブレイク・マスターズ著（NHK出版）
・『成人発達理論による能力の成長――ダイナミックスキル理論の実践的活用法』加藤洋平著（日本能率協会マネジメントセンター）
・『成長を支援するということ――深いつながりを築き、「ありたい姿」から変化を生むコーチングの原則』リチャード・ボヤツィス、メルヴィン・L・スミス、エレン・ヴァン・オーステン著（英治出版）
・『すべては1人から始まる――ビッグアイデアに向かって人と組織が動き出す「ソース原理」の力』トム・ニクソン著（英治出版）
・『恐れのない組織――「心理的安全性」が学習・イノベーション・成長をもたらす』エイミー・C・エドモンドソン著、村瀬俊朗（解説）（英治出版）
・『なぜ人と組織は変われないのか――ハーバード流 自己変革の理論と実践』ロバート・キーガン、リサ・ラスコウ・レイヒー著（英治出版）
・『知的複眼思考法 誰でも持っている創造力のスイッチ』苅谷剛彦著（講談社）
・『失敗の科学』マシュー・サイド著（ディスカヴァー・トゥエンティワン）
・『超速で成果を出す アジャイル仕事術――プロフェッショナル2・0という働き方』坂田幸樹著（ダイヤモンド社）

「思考のトレーニング」の解答例

1 チームの心理的安全性

問題：あなたは5人の営業チームのマネージャーを任されました。それまで存在していなかったチームの目標を立てて、心理的安全性を高めたにもかかわらず、なかなか結果が伴いません。こんなとき、あなたならどうやって対処しますか？

解答方針：心理的安全性を高めても結果につながらない場合は、同時にメンバーの結果責任を高めるための施策を検討しましょう。

解答例1 チーム目標が各人の目標として適切に落とし込まれているかを確認し、メンバーそれぞれの責任遂行に対するフィードバックが適切なタイミングで実施されているかを見直す。

解答例2 経験不足が懸念されるメンバーに対して、プロセスと結果に関する具体的なフィードバックを頻繁に行うことで、結果への責任意識を強化する。

2 メンバーの多様化

問題：あなたは国籍や背景、年齢などの多様性が高いメンバーで構成される新規事業開発プロジェクトのマネージャーを任されています。それぞれが独自の観点で思いのままにアイデアを出してくれるのですが、全く統一感のない意見をまとめることに苦労しています。こんなとき、あなたならどうしますか？

解答方針：多様性に富んだチームをまとめるには、共通に見上げる目標や指針を設定しましょう。

解答例1　プロジェクト開始時に、アイデアを出す目的をチーム全体で話し合い、その意義や方向性を明確にしたうえで共有する。

解答例2　アイデア創出の基盤として、事業領域、費用、時間軸といった制約条件を明確にする。

3 効率化

問題：あなたは非効率な業務プロセスがたくさん残っている会社のDXプロジェクトを任されているマネージャーです。外部のITコンサルタントに現場の意見を吸い上げてもらって業務のデジタル化を進めたにもかかわらず、現場からは業務負荷が増したと文句が出ています。こんなとき、あなたならどうしますか？

解答方針：組織全体で生産性を向上させるには、単なる現場業務のデジタル化にとどまらず、デジタル技術を使った変革（DX）を目指しましょう。

解答例1　無目的の場を活用し、現場や顧客の視点から負担の大きな業務や無駄な業務を徹底的に分析する。その結果を踏まえ、排除や改善を行った後にデジタル技術を活用する。

解答例2　個別最適に陥らないよう、「顧客体験価値の向上」や「業務効率化によるコスト削減」といったDXの明確な方針を定める。

4 数値化・言語化

解答方針：リモートワークをしている新人メンバーから日報を送ってもらっているにもかかわらず、現場での問題がたびたび起きています。日報では問題が起きているかどうかを記載する項目を設けているのですが、有効に機能していません。こんなとき、あなたならどうしますか？

基本方針　現場での問題が見えづらいケースでは、メンバーの経験値や特性を理解したうえで、マネージャーが意識的に高い解像度で現場の情報を収集しましょう。

解答例1　日報には、1日のタスクを具体的に最低5つ記載することを徹底する。その際、何のために、何をして、その結果どうなったかを明記してもらうことで、現場に対する解像度を高める。

解答例2　メンバーが問題の報告をためらっている可能性を考慮し、定期的な面談を通じて現場の実情を慎重に把握していくよう努める。

5 三現主義

問題：初めて海外事業部の担当になり、複数の拠点を回ったら、いろいろな人たちから全く違うことを言われてしまいました。それぞれに対処しなければいけないことはわかっているのですが、現場からのプレッシャーで押しつぶされそうです。

解答方針：現場を回ると、愚痴や文句を含むさまざまな話を聞くこともありますが、マネージャーはそれらの問題の真因を見極め、解決することに集中しましょう。

解答例1 解決すべき問題の根本原因を特定するため、現場で見聞きした内容を詳細に書き出す習慣をつける。その過程で真因が見えてきたら、具体的な打ち手を考え、実効性の高い問題解決につなげる。

解答例2 ヒアリングだけで行動を起こさないと現場の不満が高まるため、計画している解決に向けたアクションプランを現場に共有し、信頼関係の構築に努める。

6 仮説思考

問題：これまで本社の管理部門勤務だったのですが、現場経験のない店舗管理をする部署のマネージャーを任されることになり、全く仮説が立てられず困っています。こんなとき、あなたならどうしますか？

解答方針：現場が大目に見てくれる間は、マネージャーとしての結果を追求するよりも、現場感のある仮説を立てられるよう、現場の状況をできるだけ高い解像度で理解することに注力しましょう。

解答例1 最初の1か月間は現場に出て現場業務を実際に体験し、先入観を持たず、積極的に素人目線で多くの質問をする。

解答例2 可能な限り多くのメンバーから話を聞き、現場で何が起きているのかを幅広く把握することで、見えていない世界を最小限にとどめる。

7 即断即決

問題：マネージャーに昇格したら、30人のチームを担当することになりました。毎日現場からたくさんの相談を受けていて、重要な案件に手が回りません。こんなとき、あなたならどうしますか？

解答方針：チームとしての成長を実現するために、マネージャーが本来のマネジメント業務に集中できる環境を整備しましょう。

解答例1 マネージャーは、重要度の高い案件を処理するための時間を、あらかじめカレンダーに書き込んで確保する。

解答例2 マイクロマネジメントは現場の自主性を損なうため、緊急度は高いが重要度が低い課題を中心に、現場への権限委譲を進める。

8 アジャイル化

問題：現場の自律性を高めるためにアジャイル教育を実施したら、たくさんのアイデアが出てくるようになりましたが、方向性が統一されていないものばかりで対応に苦慮しています。こんなとき、あなたならどうしますか？

解答方針：現場の取り組みがチーム全体の成果に結びついていない場合、現場だけをアジャイル化するのではなく、チーム全体で価値を生み出すために方向性を統一しましょう。

解答例1 マネージャーが感じている課題を現場と共有しつつ、チームの方向性をそろえるためにアジャイル化の本来の目的や方針を明示する。

解答例2　出てきたアイデアをチーム全体で共有し、それぞれがアジャイル化という目標にどう寄与するかを考えることで、俯瞰的に考える視点を養う。

9　標準化

問題：業務の標準化を進めるためにマニュアルを導入した結果、マニュアル通りの対応しかできないメンバーが増えてしまいました。こんなとき、あなたならどうしますか？

解答方針：現場でマニュアルの運用が形式的になっている場合は、マニュアルはあくまで最低限守るべき基準であり、個別の状況に応じた柔軟な対応の重要性をメンバーに理解してもらいましょう。

解答例1　マニュアルに記載されている内容の背景や目的をメンバーに周知するためのトレーニングを実施する。

解答例2　さまざまな状況を想定したロールプレイ研修を通じて、マニュアルを超えた柔軟な対応力を育成する。

10　上司への報連相

問題：上司への報連相に漏れがないように事細かに長文メールを送付していたら、情報過多に陥った上司からの返信がなくなってしまいました。こんなとき、あなたならどうしますか？

解答方針：上司からメールの返信がない場合は、自分の伝え方や内容に問題がある可能性を考慮し、改善策を検討しましょう。

解答例1 上司にメールを送る際は、次の3つのルールを徹底する。①1通のメールに複数の要件を含めない。②相手にアクションが必要かどうかをメールの冒頭で明示する。③メール本文を5行以内に簡潔にまとめる。

解答例2 上司が大量のメール対応に追われている状況を考慮し、目的に応じて定例会議の活用や、Microsoft TeamsやLINEなどのチャットツールを取り入れることで、上司の負担を軽減するコミュニケーション方法を採用する。

11 現場へのフィードバック

問題：部下がストレッチゾーンで成長できるように業務負荷をかけるように意識していますが、メンバーから伸び悩んでいると相談を受けました。こんなとき、あなたなら部下にどのようなアドバイスをしますか？

解答方針：業務の負荷が適切にかけられていると判断できるケースでは、マネージャーはより長期的かつ俯瞰した視点で部下に成長を実感させる工夫を行いましょう。

解答例1 マネージャーが見えている部下の成長を具体的なエピソードを交えて伝え、成長していることを実感させる。

解答例2 能力の向上は階段状に進むものであることを説明し、停滞期間があっても焦らなくて良いと伝えることで、部下に安心感を与える。

本書内容に関するお問い合わせについて

このたびは翔泳社の書籍をお買い上げいただき、誠にありがとうございます。弊社では、読者の皆さまからのお問い合わせに適切に対応させていただくため、以下のガイドラインへのご協力をお願いいたしております。下記項目をお読みいただき、手順に従ってお問い合わせください。

■ご質問される前に

弊社Webサイトの「正誤表」をご参照ください。これまでに判明した正誤や追加情報を掲載しています。

正誤表
https://www.shoeisha.co.jp/book/errata/

■ご質問方法

弊社Webサイトの「書籍に関するお問い合わせ」をご利用ください。

書籍に関するお問い合わせ
https://www.shoeisha.co.jp/book/qa/

インターネットをご利用でない場合は、FAXまたは郵便にて、下記"翔泳社 愛読者サービスセンター"までお問い合わせください。
電話でのご質問は、お受けしておりません。

■回答について

回答は、ご質問いただいた手段によってご返事申し上げます。ご質問の内容によっては、回答に数日ないしはそれ以上の期間を要する場合があります。

■ご質問に際してのご注意

本書の対象を超えるもの、記述個所を特定されないもの、また読者固有の環境に起因するご質問等にはお答えできませんので、あらかじめご了承ください。

■郵便物送付先およびFAX番号

送付先住所 〒160-0006　東京都新宿区舟町5
FAX番号 03-5362-3818
宛先（株）翔泳社 愛読者サービスセンター

※本書に記載されたURL等は予告なく変更される場合があります。
※本書の出版にあたっては正確な記述につとめましたが、著者や出版社などのいずれも、本書の内容に対して何らかの保証をするものではなく、内容やサンプルにもとづくいかなる運用結果に関してもいっさいの責任を負いません。
※本書に記載されている会社名、製品名はそれぞれ各社の商標および登録商標です。
※本書の内容は2025年1月現在の情報等にもとづいています。

6

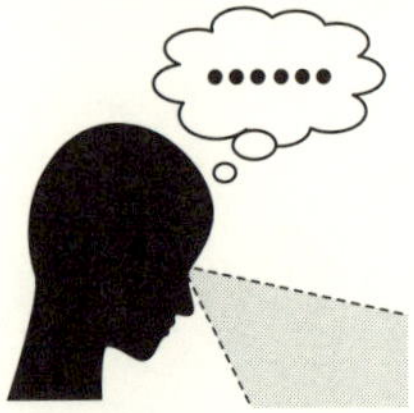

俯瞰してから仮説を立てるべし

7

問題が起きたら根本原因から
一般解を考えるべし

8

解決策は
全体最適で考えるべし

9

標準化した後は一般解を
現場に合わせて考えるべし

10

盤上の駒ではなく、棋士の視点で
考えて報連相すべし

11

適切なWhatを伝えて
指導すべし

マネージャーの思考術一覧

1

心理的安全性と結果責任は
セットで考えるべし

2

多様性を生かすにはチームの
ビジョンを定義すべし

3

効率化を追求したら無目的の
場の重要性も意識すべし

4

数値化・言語化した
情報は抽象度が高い情報で
あることを意識すべし

5

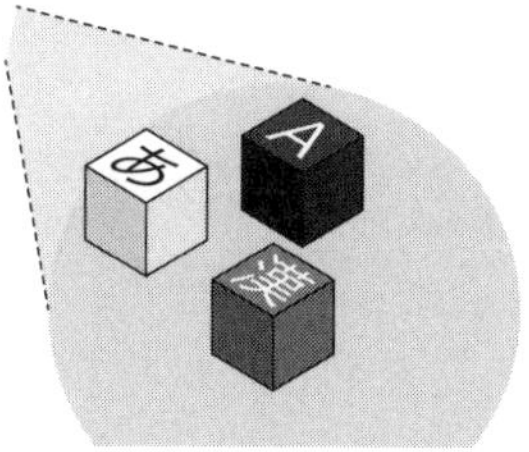

三現主義は
現場に寄り添いつつ、
俯瞰して打ち手を考えるべし

■ 著者プロフィール

坂田 幸樹（さかた・こうき）

IGPIグループ 共同経営者、IGPIシンガポール 取締役CEO、JBIC IG Partners 取締役

早稲田大学政治経済学部卒、IEビジネススクール経営学修士（MBA）、ITストラテジスト。大学卒業後、キャップジェミニ・アーンスト＆ヤング（現クニエ）に勤務し、日本コカ・コーラを経て、創業期のリヴァンプに入社。アパレル企業、ファストフードチェーン、システム会社などへのハンズオン支援に従事。その後、支援先のシステム会社にリヴァンプから転籍して代表取締役に就任。退任後、経営共創基盤（IGPI）に入社。2013年にIGPIシンガポールを立ち上げるためシンガポールに拠点を移す。現在は3拠点、8国籍のチームで日本企業や現地企業、政府機関向けのプロジェクトに従事。IGPIグループを日本発のグローバルファームにすることが人生の目標。

単著書に『超速で成果を出す アジャイル仕事術』（ダイヤモンド社）、『デジタル・フロンティア』（PHP研究所）、『機能拡張』（クロスメディア・パブリッシング）、共著書に『構想力が劇的に高まる アーキテクト思考』（ダイヤモンド社）がある。

X https://twitter.com/Koki21662283
LinkedIn https://www.linkedin.com/in/kohki-sakata-194a5554/
Spotify https://open.spotify.com/show/7EZeMvuOxTin8nhLcl398C
Apple Podcast https://podcasts.apple.com/us/podcast/id1772612956

装丁・本文デザイン：山之口正和＋齋藤友貴＋高橋さくら（OKIKATA）
装丁イラスト：金安 亮
DTP：株式会社 明昌堂

失敗事例から学ぶ！ マネージャーの思考術
管理職の“落とし穴”に陥らないための具体と抽象の往復トレーニング

2025年1月17日　初版第1刷発行

著　　者　　坂田 幸樹
発 行 人　　佐々木 幹夫
発 行 所　　株式会社 翔泳社（https://www.shoeisha.co.jp）
印刷・製本　株式会社 シナノ

本書へのお問い合わせについては、221ページに記載の内容をお読みください。
落丁・乱丁はお取り替えいたします。03-5362-3705 までご連絡ください。

ISBN 978-4-7981-8880-5　　Printed in Japan